조리기능사 중식 실기

양진삼, 김정민 외 지음

저자소개

경록의 3박자를 갖춘 참신한 저자를 만나보세요.

첫째, 오랜 시간 수험지도 노하우를 축적한 저자들
둘째, 대학의 조리전공 교수로서 조리계를 리드하는 저자들
셋째, 수험실기 감독 등 풍부한 시험 경험을 가진 저자들 등
경록의 저자는 완벽한 3박자를 갖추었습니다.

🍎 양진삼
국가공인 대한민국 조리기능장
《한국음식의 맛》 저자
《조리기능장 한식 실기》 저자
현) 서울종로조리기능장학원 대표

🍎 윤인정
국가공인 대한민국 조리기능장
대구한의대학교 이학박사
대구공업대학교 겸임교수
현) 참시루교육학원 원장

🍎 이건표
국제요리경연대회 수상
사) 한국조리협회 상임이사
현) 군인공제회관 엠플러스웨딩홀 부장

🍎 신유진
사) 한국조리협회 이사
한성대학교 경영대학원 석사
현) 월향 캡틴

🍎 김경애
국제요리경연대회 심사위원
사) 한국조리협회 이사
Thailand Ultimate Chef Challenge(WACS) Bronze
현) 서울종로조리기능장학원

🍎 김정민
국가공인 대한민국 조리기능장
FHC China Bronze (WACS) 2016
미국 Culinary Institute of America (CIA) 연수
현) 서울종로조리기능장 원장

🍎 윤종찬
국제요리제과경연대회 농림축산부 대상
사) 집단급식조리협회 상임이사
사) 한국조리협회 일반이사
현) 아워홈 중앙경찰학교

🍎 황경희
대구한의대학교 이학박사
(사) 한국조리협회 상임이사
조리기능사 실기 감독위원
현) 계명문화대학교 겸임교수

🍎 박경숙
국제요리경연대회 심사위원
국제요리경연대회 보건복지부 장관상
현) 닭터박 닭요리 창업컨설팅 대표
현) 강화(숙) 식품사업부 대표

edukyungrok.com

머리말

한단계 성장하는 조리사의 길

🍎 김경애

    현대사회에서 조리는 지속적인 발전에 조금 더 과학적인 조리법들과 체계화된 레시피로 우리에게 필요한 맛과 향, 모양에 있어 항상 일정한 음식을 조리할 수 있는 상태까지 오게 되었습니다.

    중식은 한식만큼이나 우리에게 친숙한 음식이며 이 책은 조리를 처음 접해보신 분부터 전문적으로 중식을 하시는 분 모두 각자의 눈높이에서 얻어 가실 수 있는 내용을 담았으며, 중식조리기능사 취득을 목적으로 하시는 독자분들에게 도움이 될 수 있도록 자세한 조리과정과 합격을 위한 팁을 주내용으로 담고 자격증 취득이 목적이 아닌 중식을 접해보시고 싶으신 분들을 위해 기본적인 양념들과 레시피에 정확한 계량을 넣어 쉽게 따라하여 조리가 가능하도록 만들었습니다.

    이 책에 무궁무진한 중식의 세계를 모두 담을 수 없지만 중식의 기본적인 조리법과 중식조리기능사의 실기시험에 출제되는 25가지의 음식을 담아 기본이 되는 이론과 기초실무를 익혀 조금 더 성장하는 조리사가 될 수 있기를 바랍니다.

    본 교재가 출간되기까지 함께 해주신 모든 분께 감사의 말을 전합니다.

시험안내

1. 필기 & 실기시험 원서접수 / 시험시행 일정

1. 한식 / 양식 / 중식 / 일식 조리기능사 (상시시험)
- 접수방법 : 한국산업인력공단 인터넷검정정보시스템(http://www.q-net.or.kr)
- 접수시간 : 원서접수 시작일 10:00~마감일 18:00까지
- 합격자발표 : 시험종료 즉시

2. 복어 조리기능사 (정기시험)
- 원서접수 : 한국산업인력공단 인터넷검정정보시스템(http://www.q-net.or.kr)
- 접수시간 : 원서접수 시작일 09:00~마감일 18:00까지
- 합격자발표 : 해당 합격자 발표일 09:00부터

2. 필기시험 안내

1. 출제경향
- 산업현장에서 직무를 수행하기 위해 요구되는 지식, 기술, 태도 등에 관한 내용을 위주로 자격시험을 구성

2. 검정방법
- 객관식 4지선다형, 총 60문항 / 60분

3. 합격기준
- 100점 만점에 60점 이상 취득 시 (60문항 중 36문항 이상 정답 시 합격)

3 실기시험 안내

1. 출제경향
- 요구사항을 준수하여 실기시험 메뉴 2가지를 지정된 시간에 지급된 재료를 이용해 만드는 작업

2. 주요 평가내용
- 위생상태(개인 및 조리과정)
- 조리의 기술(조리기구 취급, 동작, 순서, 재료다듬기 방법)
- 작품의 평가
- 정리정돈 및 청소

3. 검정방법
- 작업형(약 60~70분)

4. 합격기준
- 100점 만점에 60점 이상 취득 시

출제기준(필기)

직무분야	음식서비스	중직무분야	조리	자격종목	중식조리기능사	적용기간	2020. 1. 1 ~ 2022. 12. 31.

○ **직무내용** : 중식메뉴 계획에 따라 식재료를 선정, 구매, 검수, 보관 및 저장하며 맛과 영양을 고려하여 안전하고 위생적으로 음식을 조리하고 조리기구와 시설관리를 수행하는 직무이다.

필기검정방법	객관식	문제수	60	시험시간	1시간

필기과목명	출제문제수	주요항목	세부항목	세세항목
중식 재료관리, 음식조리 및 위생관리	60	1. 중식 위생관리	1. 개인위생관리	1. 위생관리기준 2. 식품위생에 관련된 질병
			2. 식품위생관리	1. 미생물의 종류와 특성 2. 식품과 기생충병 3. 살균 및 소독의 종류와 방법 4. 식품의 위생적 취급기준 5. 식품첨가물과 유해물질
			3. 주방 위생관리	1. 주방위생 위해요소 2. 식품안전관리인증기준(HACCP) 3. 작업장 교차오염발생요소
			4. 식중독 관리	1. 세균성 식중독 2. 자연독 식중독 3. 화학적 식중독 4. 곰팡이 독소
			5. 식품위생 관계법규	1. 식품위생법 및 관계법규 2. 제조물책임법
			6. 공중보건	1. 공중보건의 개념 2. 환경위생 및 환경오염관리 3. 역학 및 감염병 관리
		2. 중식 안전관리	1. 개인안전관리	1. 개인 안전사고 예방 및 사후 조치 2. 작업 안전관리
			2. 장비·도구안전작업	1. 조리장비·도구 안전관리지침

필기과목명	출제문제수	주요항목	세부항목	세세항목
중식 재료관리, 음식조리 및 위생관리	60		3. 작업환경 안전관리	1. 작업장 환경관리 2. 작업장 안전관리 3. 화재예방 및 조치방법
		3. 중식 재료관리	1. 식품재료의 성분	1. 수분 2. 탄수화물 3. 지질 4. 단백질 5. 무기질 6. 비타민 7. 식품의 색 8. 식품의 갈변 9. 식품의 맛과 냄새 10. 식품의 물성 11. 식품의 유독성분
			2. 효소	1. 식품과 효소
			3. 식품과 영양	1. 영양소의 기능 및 영양소 섭취기준
		4. 중식 구매관리	1. 시장조사 및 구매관리	1. 시장조사 2. 식품구매관리 3. 식품재고관리
			2. 검수 관리	1. 식재료의 품질확인 및 선별 2. 조리기구 및 설비 특성과 품질확인 3. 검수를 위한 설비 및 장비활용방법
			3. 원가	1. 원가의 의의 및 종류 2. 원가분석 및 계산
		5. 중식 기초 조리실무	1. 조리 준비	1. 조리의 정의 및 기본 조리조작 2. 기본조리법 및 대량조리기술 3. 기본 칼 기술 습득 4. 조리기구의 종류와 용도 5. 식재료 계량방법 6. 조리장의 시설 및 설비관리
			2. 식품의 조리원리	1. 농산물의 조리 및 가공·저장 2. 축산물의 조리 및 가공·저장 3. 수산물의 조리 및 가공·저장

필기과목명	출제문제수	주요항목	세부항목	세세항목
중식 재료관리, 음식조리 및 위생관리	60			4. 유지 및 유지 가공품 5. 냉동식품의 조리 6. 조미료와 향신료
		6. 중식 절임 · 무침 조리	1. 절임 · 무침조리	1. 절임 · 무침 준비 2. 절임류 만들기 3. 무침류 만들기 4. 절임 보관 무침 완성
		7. 중식 육수 · 소스 조리	1. 육수 · 소스조리	1. 육수 · 소스 준비 2. 육수 · 소스 만들기 3. 육수 · 소스 완성 보관
		8. 중식 튀김조리	1. 튀김조리	1. 튀김 준비 2. 튀김 조리 3. 튀김 완성
		9. 중식 조림조리	1. 조림조리	1. 조림 준비 2. 조림 조리 3. 조림 완성
		10. 중식 밥조리	1. 밥조리	1. 밥 준비 2. 밥 짓기 3. 요리별 조리하여 완성
		11. 중식 면조리	1. 면조리	1. 면 준비 2. 반죽하여 면 뽑기 3. 면 삶아 담기 4. 요리별 조리하여 완성
		12. 중식 냉채조리	1. 냉채조리	1. 냉채 준비 2. 냉채 조리 3. 냉채 완성
		13. 중식 볶음조리	1. 볶음조리	1. 볶음 준비 2. 볶음 조리 3. 볶음 완성
		14. 중식 후식조리	1. 후식조리	1. 후식 준비 2. 더운 후식류 조리 3. 찬 후식류 조리 4. 후식류 완성

출제기준(실기)

직무 분야	음식서비스	중직무 분야	조리	자격 종목	중식조리기능사	적용 기간	2020. 1. 1 ~ 2022. 12. 31.

○ **직무내용** : 중식메뉴 계획에 따라 식재료를 선정, 구매, 검수, 보관 및 저장하며 맛과 영양을 고려하여 안전하고 위생적으로 음식을 조리하고 조리기구와 시설관리를 수행하는 직무이다.

○ **수행준거** : 1. 중식조리작업 수행에 필요한 위생관련지식을 이해하고 주방의 청결상태와 개인위생·식품위생을 관리하여 전반적인 조리작업을 위생적으로 수행할 수 있다.
2. 중식 기초 조리작업 수행에 필요한 조리 기능 익히기를 활용할 수 있다.
3. 적합한 식재료를 절이거나 무쳐서 요리에 곁들이는 음식을 조리할 수 있다.
4. 육류나 가금류·채소류를 이용하여 끓이거나 양념류와 향신료를 배합하여 조리할 수 있다.
5. 육류·갑각류·어패류·채소류·두부류 재료 특성을 이해하고 손질하여 기름에 튀겨 조리할 수 있다.
6. 육류·생선류·채소류·두부에 각종 양념과 소스를 이용하여 조림을 할 수 있다.
7. 쌀로 지은 밥을 이용하여 각종 밥 요리를 할 수 있다.
8. 밀가루의 특성을 이해하고 반죽하여 면을 뽑아 각종 면 요리를 할 수 있다.

실기검정방법	작업형	시험시간	70분 정도

실기과목명	주요항목	세부항목	세세항목
중식 조리 실무	1. 중식 위생관리	1. 개인위생관리하기	1. 위생관리기준에 따라 조리복, 조리모, 앞치마, 조리안전화 등을 착용할 수 있다. 2. 두발, 손톱, 손 등 신체청결을 유지하고 작업수행 시 위생습관을 준수할 수 있다. 3. 근무 중의 흡연, 음주, 취식 등에 대한 작업장 근무수칙을 준수할 수 있다. 4. 위생관련법규에 따라 질병, 건강검진 등 건강상태를 관리하고 보고할 수 있다.
		2. 식품위생관리하기	1. 식품의 유통기한·품질기준을 확인하여 위생적인 선택을 할 수 있다. 2. 채소·과일의 농약 사용여부와 유해성을 인식하고 세척할 수 있다. 3. 식품의 위생적 취급기준을 준수할 수 있다. 4. 식품의 반입부터 저장, 조리과정에서 유독성, 유해물질의 혼입을 방지할 수 있다.

필기과목명	주요항목	세부항목	세세항목
중식 조리 실무			5. 시설 및 도구의 노후상태나 위생상태를 점검하고 관리할 수 있다. 6. 식품이 조리되어 섭취되는 전 과정의 주방 위생 상태를 점검하고 관리할 수 있다. 7. HACCP적용업장의 경우 HACCP관리기준에 의해 관리할 수 있다.
		3. 주방위생관리하기	1. 식품의 유통기한·품질기준을 확인하여 위생적인 선택을 할 수 있다. 2. 채소·과일의 농약 사용여부와 유해성을 인식하고 세척할 수 있다. 3. 식품의 위생적 취급기준을 준수할 수 있다. 4. 식품의 반입부터 저장, 조리과정에서 유독성, 유해물질의 혼입을 방지할 수 있다.
	2. 중식 안전관리	1. 개인안전관리하기	1. 안전관리지침서에 따라 개인 안전관리 점검표를 작성할 수 있다. 2. 개인안전사고 예방을 위해 도구 및 장비의 정리 정돈을 상시 할 수 있다. 3. 주방에서 발생하는 개인 안전사고의 유형을 숙지시키고 예방을 위한 안전수칙을 교육할 수 있다. 4. 주방 내 필요한 구급품이 적정 수량 비치되었는지 확인하고 개인 안전 보호 장비를 정확하게 착용하여 작업하는지 확인할 수 있다. 5. 개인이 사용하는 칼에 대해 사용안전, 이동안전, 보관안전을 수행 할 수 있다. 6. 개인의 화상사고, 낙상사고, 근육팽창과 골절사고, 절단사고, 전기기구에 인한 전기 쇼크 사고, 화재사고와 같은 사고 예방을 위해 주의사항을 숙지하고 실천할 수 있다. 7. 개인 안전사고 발생 시 신속 정확한 응급조치를 실시하고 재발 방지 조치를 실행할 수 있다.
		2. 장비·도구 안전작업하기	1. 조리장비·도구에 대한 종류별 사용방법에 대해 주의사항을 숙지할 수 있다. 2. 조리장비·도구를 사용 전 이상 유무를 점검할 수 있다.

실기과목명	주요항목	세부항목	세세항목
중식 조리 실무			3. 안전 장비류 취급 시 주의사항을 숙지하고 실천할 수 있다. 4. 조리장비·도구를 사용 후 전원을 차단하고 안전수칙을 지키며 분해하여 청소할 수 있다. 5. 무리한 조리장비·도구 취급은 금하고 사용 후 일정한 장소에 보관하고 점검할 수 있다. 6. 모든 조리장비·도구는 반드시 목적 이외의 용도로 사용하지 않고 규격품을 사용할 수 있다.
		3. 작업환경 안전관리하기	1. 작업환경 안전관리 시 작업환경 안전관리 지침서를 작성할 수 있다. 2. 작업환경 안전관리 시 작업장주변 정리 정돈 등을 관리 점검할 수 있다. 3. 작업환경 안전관리 시 제품을 제조하는 작업장 및 매장의 온·습도관리를 통하여 안전사고요소 등을 제거할 수 있다. 4. 작업장내의 적정한 수준의 조명과 환기, 이물질, 미끄럼 및 오염을 방지할 수 있다. 5. 작업환경에서 필요한 안전관리시설 및 안전용품을 파악하고 관리할 수 있다. 6. 작업환경에서 화재의 원인이 될 수 있는 곳을 자주 점검하고 화재진압기를 배치하고 사용할 수 있다. 7. 작업환경에서의 유해, 위험, 화학물질을 처리기준에 따라 관리할 수 있다. 8. 법적으로 선임된 안전관리책임자가 정기적으로 안전교육을 실시하고 이에 참여할 수 있다.
	3. 중식 기초 조리실무	1. 기본 칼 기술 습득하기	1. 칼의 종류와 사용용도를 이해할 수 있다. 2. 칼을 숫돌을 이용해 칼날을 세울 수 있다. 3. 칼을 정확하게 쥐고서 다양한 식자재를 썰 수 있다. 4. 요리와 조리법에 따라 재료의 크기, 두께, 굵기를 일정하게 썰 수 있다. 5. 중식 조리작업에 사용한 칼을 일정한 장소에 정리 정돈할 수 있다.

실기과목명	주요항목	세부항목	세세항목
중식 조리 실무		2. 기본기능 습득하기	1. 조리기물의 종류 및 용도에 대하여 이해하고 습득할 수 있다. 2. 조리에 필요한 조리도구를 사용하고 종류별 특성에 맞게 적용할 수 있다. 3. 계량법을 이해하고 활용할 수 있다. 4. 중식 기본 재료와 전처리 방법, 활용방법에 대한 지식을 이해하고 습득할 수 있다. 5. 중식조리의 요리별 육수 및 소스를 용도에 맞게 만들 수 있다. 6. 중식 조리작업에 사용한 조리도구와 주방을 정리 정돈할 수 있다.
		3. 기본조리법 습득하기	1. 중국요리의 기본조리방법의 종류와 조리원리를 이해할 수 있다. 2. 중식 기본조리법과 조리원리에 대한 지식을 이해하고 습득할 수 있다. 3. 식재료의 정확한 계량방법을 습득할 수 있다. 4. 조리 업무 전과 후의 상태를 점검하고 정리할 수 있다.
	4. 중식 절임·무침조리	1. 절임 무침 준비하기	1. 곁들임 요리에 필요한 절임 양과 종류를 선택할 수 있다. 2. 곁들임 요리에 필요한 무침의 양과 종류를 선택할 수 있다. 3. 표준조리법에 따라 재료를 전 처리하여 사용할 수 있다.
		2. 절임류 만들기	1. 재료의 특성에 따라 절임을 할 수 있다. 2. 절임 표준조리법에 준하여 산도, 염도 및 당도를 조절할 수 있다. 3. 절임의 용도에 따라 절임 기간을 조절할 수 있다.
		3. 무침류 만들기	1. 메뉴 구성을 고려하여 무침류 재료를 선택할 수 있다. 2. 무침용도에 적합하게 재료를 썰 수 있다. 3. 무침재료의 종류에 따라 양념하여 무칠 수 있다.
		4. 절임보관 무침 완성하기	1. 절임류를 위생적으로 안전하게 보관할 수 있다. 2. 무침류를 위생적으로 안전하게 보관할 수 있다. 3. 절임이나 무침을 담을 접시를 선택할 수 있다.

실기과목명	주요항목	세부항목	세세항목
중식 조리 실무	5. 중식 육수·소스 조리	1. 육수·소스 준비하기	1. 육수의 종류에 따라서 도구와 재료를 준비할 수 있다. 2. 소스의 종류에 따라서 도구와 재료를 준비할 수 있다. 3. 필요에 맞도록 양념류와 향신료를 준비할 수 있다. 4. 가공 소스류를 특성에 맞게 준비할 수 있다.
		2. 육수·소스 만들기	1. 육수 재료를 손질할 수 있다. 2. 육수와 소스의 종류와 양에 맞는 기물을 선택할 수 있다. 3. 소스 재료를 손질하여 전 처리할 수 있다. 4. 육수 표준조리법에 따라서 끓이는 시간과 화력의 강약을 조절할 수 있다. 5. 소스 표준조리법에 따라서 향, 맛, 농도, 색상의 정도를 조절할 수 있다.
		3. 육수·소스 완성 보관하기	1. 육수를 필요에 따라 사용할 수 있는 상태로 보관할 수 있다. 2. 소스를 필요에 따라 사용할 수 있는 상태로 보관할 수 있다. 3 메뉴선택에 따라 육수와 소스를 다시 끓여 사용할 수 있다.
	6. 중식 튀김 조리	1. 튀김준비하기	1. 튀김의 특성을 고려하여 적합한 재료를 선정할 수 있다. 2. 각 재료를 튀김의 종류에 맞게 준비할 수 있다. 3. 튀김의 재료에 따라 온도를 조정할 수 있다.
		2. 튀김조리하기	1. 재료를 튀김요리에 맞게 썰 수 있다. 2. 용도에 따라 튀김옷 재료를 준비할 수 있다. 3. 조리재료에 따라 기름의 종류, 양과 온도를 조절할 수 있다. 4. 재료 특성에 맞게 튀김을 할 수 있다. 5. 사용한 기름의 재사용 또는 폐기를 위한 처리를 할 수 있다.
		3. 튀김완성하기	1. 튀김요리의 종류에 따라 그릇을 선택할 수 있다. 2. 튀김요리에 어울리는 기초 장식을 할 수 있다. 3. 표준조리법에 따라 색깔, 맛, 향, 온도를 고려하여 튀김요리를 담을 수 있다.

실기과목명	주요항목	세부항목	세세항목
중식 조리 실무	7. 중식 조림 조리	1. 조림준비하기	1. 조림의 특성을 고려하여 적합한 재료를 선정할 수 있다. 2. 각 재료를 조림의 종류에 맞게 준비할 수 있다. 3. 조림의 종류에 맞게 도구를 선택할 수 있다.
		2. 조림조리하기	1. 재료를 각 조림요리의 특성에 맞게 손질할 수 있다. 2. 손질한 재료를 기름에 익히거나 물에 데칠 수 있다. 3. 조림조리를 위해 화력을 강약으로 조절할 수 있다. 4. 조림에 따라 양념과 향신료를 사용할 수 있다. 5. 조림요리 특성에 따라 전분으로 농도를 조절하여 완성할 수 있다.
		3. 조림완성하기	1. 조림요리의 종류에 따라 그릇을 선택할 수 있다. 2. 조림 요리에 어울리는 기초 장식을 할 수 있다. 3. 표준조리법에 따라 색깔, 맛, 향, 온도를 고려하여 조림요리를 담을 수 있다. 4. 도구를 사용하여 적합한 크기로 요리를 잘라 제공할 수 있다.
	8. 중식 밥 조리	1. 밥 준비하기	1. 필요한 쌀의 양과 물의 양을 계량할 수 있다. 2. 조리방식에 따라 여러 종류의 쌀을 이용할 수 있다. 3. 계량한 쌀을 씻고 일정 시간 불려둘 수 있다.
		2. 밥 짓기	1. 쌀의 종류와 특성, 건조도에 따라 물의 양을 가감할 수 있다. 2. 표준조리법에 따라 필요한 조리 기구를 선택하여 활용할 수 있다. 3. 주어진 일정과 상황에 따라 조리 시간과 방법을 조정할 수 있다. 4. 표준조리법에 따라 화력의 강약을 조절하여 가열 시간 조절, 뜸들이기를 할 수 있다. 5. 메뉴종류에 따라 보온보관 및 재가열을 실시할 수 있다.
		3. 요리별 조리하여 완성하기	1. 메뉴에 따라 볶음요리와 튀김요리를 곁들여 조리할 수 있다. 2. 화력의 강약을 조절하여 볶음밥을 조리할 수 있다. 3. 메뉴 구성을 고려하여 소스(짜장소스)와 국물(계란 국물 또는 짬뽕 국물)을 곁들여 제공할 수 있다. 4. 메뉴에 따라 어울리는 기초 장식을 할 수 있다.

실기과목명	주요항목	세부항목	세세항목
중식 조리 실무	9. 중식 면 조리	1. 면 준비하기	1. 면의 특성을 고려하여 적합한 밀가루를 선정할 수 있다. 2. 면 요리 종류에 따라 재료를 준비할 수 있다. 3. 면 요리 종류에 따라 도구·제면기를 선택할 수 있다.
		2. 반죽하여 면 뽑기	1. 면의 종류에 따라 적합하게 반죽하여 숙성할 수 있다. 2. 면 요리에 따라 수타면과 제면기를 이용하여 면을 뽑을 수 있다. 3. 면 요리에 따라 면의 두께를 조절할 수 있다.
		3. 면 삶아 담기	1. 면의 종류와 양에 따라 끓는 물에 삶을 수 있다. 2. 삶은 면을 찬물에 헹구어 면을 탄력있게 할 수 있다. 3. 메뉴에 따라 적합한 그릇을 선택하여 차거나 따뜻하게 담을 수 있다.
		4. 요리별 조리하여 완성하기	1. 메뉴에 따라 소스나 국물을 만들 수 있다. 2. 요리별 표준조리법에 따라 색깔, 맛, 향, 온도, 농도, 국물의 양을 고려하여 소스나 국물을 담을 수 있다. 3. 메뉴에 따라 어울리는 기초 장식을 할 수 있다.
	10. 중식 냉채 조리	1. 냉채준비하기	1. 선택된 메뉴를 고려하여 냉채요리를 선정할 수 있다. 2. 냉채요리 종류에 따라 재료를 준비할 수 있다. 3. 재료를 냉채요리 종류에 맞추어 손질할 수 있다.
		2. 냉채조리하기	1. 재료를 각 냉채요리의 특성에 맞게 손질할 수 있다. 2. 재료에 따라 무침·데침·찌기·삶기 등의 조리법에 따라 준비하여 조리할 수 있다. 3. 냉채 종류에 따른 적합한 소스를 조리할 수 있다.
		3. 냉채완성하기	1. 냉채 요리의 종류에 따라 그릇을 선택할 수 있다. 2. 냉채 요리에 어울리는 기초 장식을 할 수 있다. 3. 표준조리법에 따라 색깔, 맛, 향, 온도를 고려하여 냉채요리를 담을 수 있다.
	11. 중식 볶음 조리	1. 볶음준비하기	1. 선택된 메뉴를 고려하여 볶음요리를 선정할 수 있다.

실기과목명	주요항목	세부항목	세세항목
중식 조리 실무			2. 볶음요리 종류에 따라 재료를 준비할 수 있다. 3. 재료를 볶음요리 종류에 맞추어 손질할 수 있다.
		2. 볶음조리하기	1. 재료를 각 볶음요리의 특성에 맞게 손질할 수 있다. 2. 재료를 볶음요리에 맞게 썰 수 있다. 3. 썰어진 재료를 조리 순서에 맞게 기름에 익히거나 물에 데칠 수 있다. 4. 요리에 따라 전분을 이용하여 볶음요리의 농도를 조절할 수 있다.
		3. 볶음완성하기	1. 볶음요리의 종류에 따른 그릇을 선택할 수 있다. 2. 메뉴에 따라 어울리는 기초 장식을 할 수 있다. 3. 메뉴의 표준조리법에 따라 볶음요리를 담을 수 있다.
	12. 중식 후식 조리	1. 후식 준비하기	1. 주 메뉴의 구성을 고려하여 알맞은(적합한) 후식 요리를 선정할 수 있다. 2. 표준조리법에 따라 후식재료를 선택할 수 있다. 3. 소비량을 고려하여 재료의 양을 미리 조정할 수 있다. 4. 재료에 따라 전 처리하여 사용할 수 있다.
		2. 더운 후식류 만들기	1. 메뉴의 구성에 따라 더운 후식의 재료를 준비할 수 있다. 2. 용도에 맞게 재료를 알맞은 모양으로 잘라 준비할 수 있다. 3. 조리재료에 따라 튀김기름의 종류, 양과 온도를 조절할 수 있다. 4. 재료 특성에 맞게 튀김을 할 수 있다. 5. 알맞은 온도와 시간으로 설탕을 녹여 재료를 버무릴 수 있다.
		3. 찬 후식류 만들기	1. 재료를 후식요리에 맞게 썰 수 있다. 2. 후식류의 특성에 맞추어 조리를 할 수 있다. 3. 용도에 따라 찬 후식류를 만들 수 있다.
		4. 후식류 완성하기	1. 후식요리의 종류와 모양에 따라 알맞은 그릇을 선택할 수 있다. 2. 표준조리법에 따라 용도에 알맞은 소스를 만들 수 있다. 3. 후식요리의 종류에 맞춰 담아 낼 수 있다.

수험자 유의사항

❶ 만드는 순서에 유의하며, 위생과 숙련된 기능평가를 위하여 조리작업 시 맛을 보지 않습니다.

❷ 지정된 수험자지참 준비물 이외의 조리기구나 재료를 시험장 내에 지참할 수 없습니다.

❸ 지급재료는 시험 전 확인하여 이상이 있을 경우 시험위원으로부터 조치를 받고 시험 중에는 재료의 교환 및 추가지급은 하지 않습니다.

❹ 요구사항의 규격은 "정도"의 의미를 포함하며, 지급된 재료의 크기에 따라 가감하여 채점합니다.

❺ 위생상태 및 안전관리 사항을 준수합니다.

❻ 다음 사항에 대해서는 **채점대상에서 제외하니** 특히 유의하시기 바랍니다.

   ㉠ 기 권 : 수험자 본인이 시험 도중 시험에 대한 포기 의사를 표현하는 경우

   ㉡ 실 격

      ⓐ 가스레인지 화구 2개 이상(2개 포함) 사용한 경우

      ⓑ 불을 사용하여 만든 조리작품이 작품특성에 벗어나는 정도로 타거나 익지 않은 경우

      ⓒ 시험 중 시설·장비(칼, 가스레인지 등) 사용 시 감독위원 및 타수험자의 시험 진행에 위협이 될 것으로 감독위원 전원이 합의하여 판단한 경우

      ⓓ 위생복, 위생모, 앞치마를 착용하지 않은 경우

   ㉢ 미완성

      ⓐ 시험시간 내에 과제 2가지를 제출하지 못한 경우

      ⓑ 문제의 요구사항대로 과제의 수량이 만들어지지 않은 경우

   ㉣ 오 작

      ⓐ 구이를 찜으로 조리하는 등과 같이 조리방법을 다르게 한 경우

      ⓑ 해당 과제의 지급재료 이외의 재료를 사용하거나 석쇠 등 요구사항의 조리도구를 사용하지 않은 경우

   ㉤ 요구사항에 표시된 실격, 미완성, 오작에 해당하는 경우

❼ 항목별 배점은 위생상태 및 안전관리 5점, 조리기술 30점, 작품의 평가 15점입니다.

개인위생상태 및 안전관리 세부기준 안내

I 개인위생상태 세부기준

순번	구분	세 부 기 준
1	위생복	• 상의 : 흰색, 긴팔 • 하의 : 색상무관, 긴바지 • 안전사고 방지를 위하여 반바지, 짧은 치마, 폭넓은 바지 등 작업에 방해가 되는 모양이 아닐 것
2	위생모 (머리수건)	• 흰색 • 일반 조리장에서 통용되는 위생모
3	앞치마	• 흰색 • 무릎 아래까지 덮이는 길이
4	위생화 또는 작업화	• 색상 무관 • 위생화, 작업화, 발등이 덮이는 깨끗한 운동화 • 미끄러짐 및 화상의 위험이 있는 슬리퍼류, 작업에 방해가 되는 굽이 높은 구두, 속굽 있는 운동화가 아닐 것
5	장신구	• 착용 금지 • 시계, 반지, 귀걸이, 목걸이, 팔찌 등 이물, 교차오염 등의 식품위생 위해 장신구는 착용하지 않을 것
6	두발	• 단정하고 청결할 것 • 머리카락이 길 경우, 머리카락이 흘러내리지 않도록 단정히 묶거나 머리망 착용할 것
7	손톱	• 길지 않고 청결해야 하며 매니큐어, 인조손톱부착을 하지 않을 것

※ 개인위생 및 조리도구 등 시험장내 모든 개인물품에는 기관 및 성명 등의 표시가 없을 것

II 안전관리 세부기준

1. 조리장비·도구의 사용 전 이상 유무 점검
2. 칼 사용(손 베임) 안전 및 개인 안전사고 시 응급조치 실시
3. 튀김기름 적재장소 처리 등

시험장 실기 준비물

준비물	규격	단위	수량	비고
위생복	상의 – 백색 하의 – 긴바지(색상 무관)	벌	1	위생복장을 제대로 갖추지 않을 경우는 실격처리됩니다.
위생모 또는 머리수건	백색	EA	1	
앞치마	백색(남, 녀 공용)	EA	1	
가위	조리용	EA	1	
강판	조리용	EA	1	
계량스푼	사이즈별	SET	1	
계량컵	200ml	EA	1	
공기	소	EA	1	
국대접	소	EA	1	
김발	20cm 정도	EA	1	
냄비	조리용	EA	1	시험장에도 준비되어 있음
도마	흰색 또는 나무도마	EA	1	
뒤집개	–	EA	1	
랩, 호일	조리용	EA	1	
밀대	소	EA	1	
비닐봉지, 비닐백	소형	장	1	
비닐팩	–	EA	1	
석쇠	조리용	EA	1	시험장에도 준비되어 있음
소창 또는 면보	30×30cm 정도	장	1	
쇠조리(혹은 체)	조리용	EA	1	시험장에도 준비되어 있음
숟가락	스텐레스제	EA	1	
위생타올	면 또는 키친타올 등	매	1	
상비의약품	손가락골무, 밴드 등	EA	1	
이쑤시개	–	EA	1	
젓가락	나무젓가락 또는 쇠젓가락	EA	1	
종이컵	–	EA	1	
칼	조리용 칼, 칼집 포함	EA	1	눈금표시칼 사용 불가
키친페이퍼		EA	1	
프라이팬	소형	EA	1	시험장에도 준비되어 있음

Contents

저자소개 ... 2
머리말 ... 3
시험안내 ... 4
출제기준(필기) ... 6
출제기준(실기) ... 9
수험자 유의사항 ... 17
개인위생상태 및 안전관리 세부기준 안내 ... 18
시험장 실기 준비물 ... 19

PART_01 (시험시간 20분)

01 부추잡채 ... 24
02 오징어냉채 ... 27
03 해파리냉채 ... 31

PART_02 (시험시간 25분)

01 고추잡채 ... 36
02 난자완스 ... 40
03 마파두부 ... 44
04 빠스옥수수 ... 48
05 빠스고구마 ... 51
06 새우케찹볶음 ... 54
07 채소볶음 ... 58

PART_03 (시험시간 30분)

01 경장육사 ... 64
02 깐풍기 ... 68
03 라조기 ... 72
04 새우볶음밥 ... 76
05 유니짜장면 ... 80
06 울면 ... 84
07 탕수생선살 ... 88
08 탕수육 ... 92
09 홍쇼두부 ... 96

PART_04 (시험시간 35분)

01 양장피잡채 ... 102

레시피 요약 ... 106

NCS 국가직무능력표준 ... 114

PART 01

| 01 | 부추잡채 | 02 | 오징어냉채 | 03 | 해파리냉채 |

시험시간 20분

부추잡채

韭菜什锦炒菜

시험시간 **20분**

요구사항

1. 부추는 6cm 길이로 써시오.
2. 고기는 0.3cm×6cm 길이로 써시오.
3. 고기는 간을 하여 초벌하시오.

재료

- 부추(중국부추-호부추) 150g
- 돼지 등심(살코기) 50g
- 달걀 1개
- 녹말가루(감자전분) 30g
- 소금(정제염) 5g
- 청주 15ml
- 참기름 5ml
- 식용유 30ml

합격포인트

1. 고기는 익히면서 두꺼워지므로 재단 시 주의하여야 한다.
2. 부추의 흰 줄기와 푸른 잎을 구분하여 썰어둔다.
3. 부추의 푸른 잎은 숨이 죽지 않고 색깔이 선명해야 한다.

01 부추잡채

조리과정

1 부추를 다듬어 씻은 후, 6cm로 썰어 푸른 잎과 흰 줄기를 접시에 구분하여 담아둔다.

2 돼지고기는 핏물을 제거하고 결대로 6cm, 두께 0.3cm로 채 썰어 소금, 청주, 달걀흰자 1/2 큰술, 녹말가루 2/3 작은술을 넣어 버무린다.

3 돼지고기를 붙지 않게 젓가락으로 저어가며 100~120℃ 기름에 부드럽게 데친 후 체에 밭쳐둔다.
(Key 데친 돼지고기는 기름이 빠지도록 체에 밭쳐둔다.)

4 달군 팬에 기름을 두르고 부추의 흰 줄기 부분을 먼저 볶다가 소금, 청주를 넣는다.
(Key 부추의 푸른 잎은 흰 줄기보다 얇으므로 나중에 볶아 익히는 정도를 맞추고 색이 변하지 않도록 한다.)

5 부추의 푸른 잎과 데친 돼지고기를 넣고 재빨리 볶아 불을 끄고 참기름을 넣어 버무린다.

6 완성접시에 소복이 담아낸다.

edukyungrok.com

오징어냉채
凉拌鱿鱼

시험시간 **20분**

요구사항

1. 오징어 몸살은 종횡으로 칼집을 내어 3~4cm 정도로 썰어 데쳐서 사용하시오.
2. 오이는 얇게 3cm 정도 편으로 썰어 사용하시오.
3. 겨자를 숙성시킨 후 소스를 만드시오.

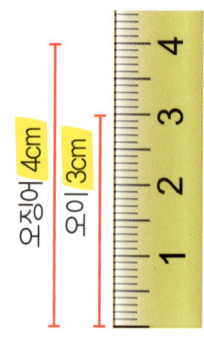

재료

- 갑오징어살(오징어 대체 가능) 100g
- 오이(가늘고 곧은 것, 20cm 정도) 1/3개
- 겨자 20g
- 백설탕 15g
- 소금(정제염) 2g
- 식초 30ml
- 참기름 5ml
- 육수(또는 물) 20ml

겨자소스 발효 겨자 1/2큰술, 물 1/2큰술, 설탕 1큰술, 식초 1큰술, 소금 1/3작은술, 참기름

합격포인트

1. 오징어는 안쪽에 칼집을 넣어 데쳐 놓고 식힌 후 오이와 섞는다.
2. 겨자소스는 제출 직전에 끼얹어야 물이 생기는 것을 방지할 수 있다.

조리과정

1 냄비에 물을 올리고, 겨자가루 1큰술에 미지근한 물 1큰술을 넣고 갠다.
(🔑 겨자의 쓴맛이 나지 않도록 40℃ 정도의 미지근한 물에 재빠르게 개어 발효시킨다.)

2 갠 겨자를 냄비 뚜껑 위에 엎거나 가스레인지 불 옆 등 따뜻한 곳에 놓고 발효시킨다.

3 오이는 소금으로 닦은 뒤 길이로 반을 자른 후 얇게 3cm 길이로 편을 썬다.

4 오징어(갑오징어)는 껍질을 벗겨 안쪽에 가로, 세로 0.3cm 간격으로 칼집을 내고, 길이 3~4cm 정도로 썬다(갑오징어는 살이 두꺼우므로 이단썰기를 해도 된다). 끓는 물에 소금을 넣고 오징어를 데친 후 찬물에 헹궈 체에 밭쳐둔다.

5. 발효 겨자 1/2 큰술에 물 1/2 큰술을 넣어 풀어주고 설탕 1큰술, 식초 1큰술, 소금 1/3 작은술을 넣어 잘 섞은 후 참기름을 넣어 겨자소스를 만든다.

6. 오징어와 오이를 고루 섞어 완성접시에 담고 제출 직전에 겨자소스를 끼얹는다.

03 해파리냉채

凉拌海蜇

시험시간 20분

요구사항

1. 해피에 염분을 제거하고 살짝 데쳐서 사용하시오.
2. 오이는 0.2cm×6cm 정도 크기로 어슷하게 채를 써시오.
3. 해파리와 오이를 섞어 마늘소스를 끼얹어 내시오.

재료

- 해파리 150g
- 오이(가늘고 곧은 것, 20cm 정도) 1/2개
- 마늘(중, 깐 것) 3쪽
- 백설탕 15g
- 소금(정제염) 7g
- 식초 45ml
- 참기름 5ml

마늘 소스 다진 마늘 1큰술, 설탕 1큰술, 식초 1큰술, 소금 1/3작은술, 참기름

합격포인트

1. 염장을 해 둔 해파리이기 때문에 충분히 물에 씻어 염분을 제거한다.
2. 데친 해파리를 헹군 후 설탕, 식초에 버무려 투명하고 윤기나게 한다.
3. 해파리는 80~90℃의 물에 살짝 데친다.
4. 물의 온도가 너무 높아지면 찬물을 넣어 온도를 맞춰준다.
5. 제출 직전에 마늘소스에 버무려야 물이 생기는 것을 방지할 수 있다.

조리과정

1 냄비에 물을 올리고, 해파리를 물에 여러 번 씻어 염분을 뺀다.

2 해파리는 젓가락으로 저어가며, 80~90℃의 뜨거운 물에 데친다.
(Key 해파리를 끓는 물로 데치면 심하게 오그라들어 질겨진다.)

3 데친 해파리는 찬물에 2~3번 정도 헹궈 설탕 1/2큰술, 식초 1/2큰술에 버무린 뒤 체에 받쳐둔다.

4 오이는 소금으로 비벼서 씻은 후 0.2cm×6cm 정도 크기로 채 썬다.

5 마늘은 곱게 다져 설탕 1큰술, 식초 1큰술, 소금 1/3작은술, 참기름 약간을 섞어 마늘소스를 만든다.

6 해파리에 마늘소스 절반 정도를 먼저 버무린 뒤 오이와 섞어 완성접시에 담고, 남은 소스를 위에 끼얹는다.

03 해파리냉채

PART 02

01	고추잡채
02	난자완스
03	마파두부
04	빠스옥수수
05	빠스고구마
06	새우케찹볶음
07	채소볶음

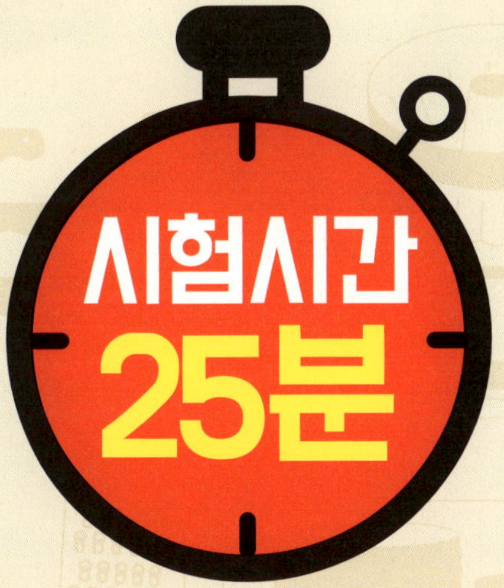

시험시간 25분

고추잡채

尖椒什锦炒菜

시험시간 25분

요구사항

1. 주재료 피망과 고기는 5cm 정도의 채로 써시오.
2. 고기는 간을 하여 초벌하시오.

피망, 고기 5cm

재료

- 돼지 등심(살코기) 100g
- 청피망(중, 75g 정도) 1개
- 죽순(통조림, whole, 고형분) 30g
- 건표고버섯(지름 5cm 정도, 물에 불린 것) 2개
- 양파(중, 150g 정도) 1/2개
- 달걀 1개
- 녹말가루(감자전분) 15g
- 소금(정제염) 5g
- 참기름 5ml
- 식용유 45ml
- 청주 5ml
- 진간장 15ml

합격포인트

1. 고기는 결대로 썰어 모양을 유지시킨다.
2. 재료들을 일정한 크기로 재단한다.
3. 피망을 재빨리 볶아 색은 선명하고, 물이 생기지 않게 한다.

조리과정

1 냄비에 물을 올려 끓으면 죽순을 데치고, 석회질을 제거한 후 5cm 길이로 채 썬다.

2 피망은 반으로 갈라 씨와 속부분을 제거한 후 5cm 길이로 채 썰고, 표고버섯, 양파도 비슷한 크기로 채 썬다.
(🔑 채를 썰 때 재료들의 두께를 일정하게 썬다.)

3 돼지고기는 키친타올에 받쳐 핏물을 제거하여 5cm 길이로 채 썰어 간장, 청주로 밑간을 한 후 달걀흰자, 녹말가루 약간을 넣어 버무린다.

4 팬에 기름을 올려 100~120℃ 정도가 되면 돼지고기를 넣고 저어가며 붙지 않게 익힌 후 체에 밭쳐둔다.
(🔑 돼지고기는 저온에서 부드럽게 저어가면서 익힌 후 체에 밭쳐 기름을 빼야 접시에 담았을 때 기름이 흐르지 않는다.)

5 달군 팬에 기름을 두르고 양파를 볶아 향을 낸 후 표고버섯, 죽순을 넣고 간장, 청주를 넣어 볶는다.

6 5에 피망을 넣어 볶으면서 소금으로 간을 하고 익힌 돼지고기를 넣고 살짝 볶아낸다.
(Key 센 불에서 재빨리 볶아 피망의 색이 변하지 않고 물이 생기지 않게 한다.)

7 불을 끄고 참기름을 넣어 버무린 후, 완성접시에 소복이 담아낸다.

난자완스
南煎丸子

시험시간 25분

요구사항

1. 완자는 직경 4cm 정도로 둥글고 납작하게 만드시오.
2. 완자는 손이나 수저로 하나씩 떼어 팬에서 모양을 만드시오.
3. 채소 크기는 4cm 정도 크기의 편으로 써시오(단, 대파는 3cm 정도).
4. 완자는 갈색이 나도록 하시오.

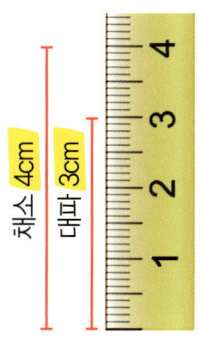

재료

- 돼지 등심(다진 살코기) 200g
- 달걀 1개
- 청경채 1포기
- 죽순(통조림, whole, 고형분) 50g
- 건표고버섯(지름 5cm 정도, 물에 불린 것) 2개
- 녹말가루(감자전분) 50g
- 마늘(중, 깐 것) 2쪽
- 대파(흰부분, 6cm 정도) 1토막
- 생강 5g
- 소금(정제염) 3g
- 검은 후춧가루 1g
- 진간장 15ml
- 청주 20ml
- 참기름 5ml
- 식용유 800ml
- 육수(또는 물) 200ml

합격포인트

1. 고기는 충분히 핏물을 제거하고, 끈기가 생기도록 저어준다.
2. 간장을 넣을 때 너무 색이 나지 않도록 주의한다.
3. 완자는 둥글납작하고 갈색이 나야 한다.
4. 완자소스의 농도가 너무 묽지 않아야 한다.

조리과정

1 마늘은 편으로 썰고, 생강은 곱게 다진다. 대파는 반을 갈라 심은 빼고 3cm로 편썰기 한다.

2 다진 돼지고기는 키친타올에 받쳐 핏물을 제거하여 다시 한 번 곱게 다져 간장, 청주, 소금, 후춧가루, 참기름으로 밑간한다. 생강즙, 달걀 흰자, 녹말가루를 넣고 젓가락으로 한 방향으로 저으면서 끈기가 생기도록 섞어준다.
(Key 완자는 반죽이 너무 되직하면 지질 때 갈라진다.)

3 죽순은 석회질을 제거하고, 표고버섯, 청경채와 같이 4cm 편으로 썰어 끓는 물에 데친다.

4 팬에 기름을 두르고 한 손에 고기 반죽을 쥐어 위로 올려 짜가면서 숟가락이나 손으로 떼어 3cm 크기로 동그랗게 모양을 만든다.

5 완자는 둥근모양이 되도록 숟가락으로 눌러가며 기름에 지지면서 지름 4cm가 되도록 납작하게 만든다.
(Key 완자를 지질 때 살짝 익힌 후 중앙부분이 올라오기 때문에 중앙을 눌러 납작하게 만든다.)

6 완자를 지진 팬에 기름을 넉넉하게 넣고 온도를 올려 살짝 익힌 완자의 양면이 갈색이 나도록 튀긴다.

7 달군 팬에 대파, 생강, 마늘을 먼저 볶아 향을 낸 후 청주, 간장을 1작은술씩 넣고 죽순, 표고버섯을 넣어 볶아낸다.

8 **7**에 물 1컵을 넣어 끓으면 튀긴 완자, 소금, 간장, 후춧가루로 간을 하고 완자가 절반 정도 물에 잠길 만큼 조린 후, 청경채를 넣고 불을 줄인 후 물녹말로 농도를 맞춘다.

9 참기름을 넣고 버무려 완성접시에 담아낸다.

마파두부
麻婆豆腐

시험시간 25분

요구사항

1. 두부는 1.5cm 정도의 주사위 모양으로 써시오.
2. 두부가 으깨어지지 않게 하시오.
3. 고추기름을 만들어 사용하시오.

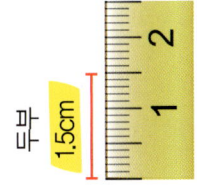

재료

- 두부 150g
- 돼지 등심(다진 살코기) 50g
- 홍고추(생) 1/2개
- 마늘(중, 깐 것) 2쪽
- 생강 5g
- 대파(흰부분, 6cm 정도) 1토막
- 육수(또는 물) 100ml
- 녹말가루(감자전분) 15g
- 두반장 10g
- 백설탕 5g
- 고춧가루 15g
- 참기름 5ml
- 식용유 60ml
- 진간장 10ml
- 검은 후춧가루 5g

합격포인트

1. 두부는 부서지지 않게 한다.
2. 고추기름을 만들 때 타지 않도록 주의한다.
3. 물녹말을 넣을 때 탁해지지 않도록 한다.
4. 완성되었을 때 소스는 붉은색을 띠어야 한다.

조리과정

1
냄비에 두부 데칠 물을 올리고, 두부는 사방 1.5cm의 주사위 모양으로 썰어 끓는 물에 데친 후 찬물로 헹군 뒤 건져둔다.
(Key 데친 두부는 바로 찬물에 헹군 후 그릇에 옮겨 담아야 부서지지 않는다.)

2
홍고추의 씨와 대파의 속심을 제거하여 각각 0.5cm로 썰고 생강, 마늘은 잘게 다진다.

3
팬에 식용유 3큰술을 둘러 뜨거워지면 불을 끄고 고춧가루 1큰술을 넣고 충분히 저어 우려낸다.

4
3이 충분히 우러나면 고운체에 걸러 고추기름을 만든다.

5 녹말가루 1큰술, 물 2큰술을 섞어 물녹말을 만든다.

6 달군 팬에 만들어둔 고추기름을 두르고 마늘, 생강, 대파, 홍고추를 먼저 넣고 볶아 향을 낸 뒤 간장, 두반장, 다진 돼지고기를 넣고 볶는다.

7 물 반컵(100ml)을 넣고 끓이면서 설탕 1작은술과 후춧가루를 넣는다. 끓으면 두부를 넣고 살살 저어가면서 불을 줄인 뒤 물녹말로 농도를 맞춘다.
(Key 물녹말을 조금씩 넣어가면서 저어 농도를 맞춘다.)

8 불을 끄고 참기름을 넣어 고루 섞은 후 완성접시에 소복이 담아낸다.

03 마파두부

빠스옥수수

拔丝玉米

시험시간 25분

요구사항

1. 완자의 크기를 직경 3cm 정도 공 모양으로 하시오.
2. 땅콩은 다져 옥수수와 함께 버무려 사용하시오.
3. 설탕 시럽은 타지 않게 만드시오.
4. 빠스 옥수수는 6개를 만드시오.

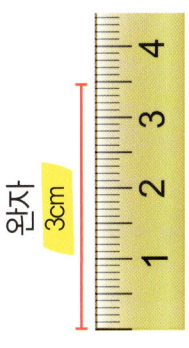

재료

- 옥수수(통조림, 고형분) 120g
- 땅콩 7알
- 밀가루(중력분) 80g
- 달걀 1개
- 백설탕 50g
- 식용유 500ml

합격포인트

1. 다진 옥수수에서 물이 많이 나올 시 물기를 제거해준다.
2. 계량에 주의하여 반죽의 농도를 맞춘다.
3. 완자에 시럽이 고루 묻고 황금색이 나야 한다.
4. 완자의 크기는 일정하게 6개 수량을 반드시 맞춰야 한다.

조리과정

1. 옥수수는 체에 밭쳐 물기를 뺀다.

2. 땅콩은 껍질을 벗기고, 칼등으로 눌러 으깬 뒤 곱게 다진다.

3. 옥수수를 다진 후 다진 땅콩, 밀가루 2~3큰술 정도, 노른자 1/2큰술을 섞어 되직하게 반죽한다.
(Key 옥수수를 충분히 다지지 않으면 튀길 때 완자가 풀어진다.)

4. ③의 반죽을 한 손으로 쥐고 동그랗게 짜낸 뒤 계량스푼을 이용해 직경 3cm 공 모양으로 만들어 완자 6개를 150℃ 정도 기름에 노릇하게 튀긴다.

5. 달군 팬에 기름 1/2큰술, 설탕 3큰술을 넣어 주걱으로 으깨듯이 섞어놓는다. 연한 갈색의 시럽이 만들어지면 튀긴 완자를 넣고 버무리면서 찬물 1작은술을 끼얹어 시럽이 옥수수에 골고루 묻게 만들고, 기름을 바른 접시에 펼쳐 식힌다.
(Key 설탕이 덜 녹았을 때 저으면 시럽이 혼탁해지므로 설탕이 완전히 녹았을 때 저어준다.)

6. 완성접시에 식힌 완자를 달라붙지 않게 담아낸다.

빠스고구마

拔丝红薯

시험시간 25분

요구사항

1 고구마는 껍질을 벗기고 먼저 길게 4등분을 내고, 다시 4cm 정도 길이의 다각형으로 돌려썰기 하시오.
2 튀김이 바삭하게 되도록 하시오.

재료

- 고구마(300g 정도) 1개
- 백설탕 100g
- 식용유 1000ml

합격포인트

1 썬 고구마는 갈변현상이 나타날 수 있으므로 찬물에 담가 놓는다.
2 고구마를 타지 않게 익힌다.
3 모서리가 타지 않도록 저어가며 고루 황금색이 나도록 바삭하게 튀긴다.
4 시럽이 타지 않도록 불 조절에 주의한다.
5 접시에 기름을 발라두어야 시럽을 묻힌 고구마를 뗄 때 부서지지 않는다.

조리과정

1

튀김 팬에 기름을 올리고, 고구마는 껍질을 벗겨 길게 4등분을 내어 4cm 정도의 길이로 돌려가며 다각형으로 썬다. 찬물에 헹군 뒤 전분을 제거한다.
(Key 모서리를 도려내야 튀길 때 타지 않는다.)

2

1의 고구마를 160℃ 정도 기름에 황금색이 나도록 바삭하게 튀긴다.
(Key 물기를 잘 제거한 후 튀긴다.)

3

시럽을 입힌 고구마를 담을 접시에 기름을 발라두고 고구마와 시럽을 섞는 중간에 넣을 찬물 1작은술을 팬 옆에 준비해둔다.

4

팬에 기름 1큰술을 둘러 코팅한 후 설탕 4큰술을 넣고 설탕을 으깨듯이 섞어준 뒤 연갈색이 나게 한다.
(Key 설탕을 녹인 후 저어야 시럽이 혼탁해지지 않는다.)

5

4에 튀긴 고구마를 넣어 재빨리 버무리고 찬물 1작은술을 끼얹는다. 시럽이 고구마에 고루 묻고 가는 실이 생기면 기름을 바른 접시에 펼쳐 식힌다.
(Key 튀긴 고구마를 시럽에 버무릴 때는 시럽이 탈 수 있으므로 약불에서 재빨리 버무린다.)

6

고구마가 식어서 접시에서 쉽게 떨어지면 완성접시에 붙지 않게 담아낸다.

05 빠스고구마

새우케찹볶음
炒虾仁番茄酱

시험시간 25분

요구사항

1. 새우 내장을 제거하시오.
2. 당근과 양파는 1cm 정도 크기의 사각으로 써시오.

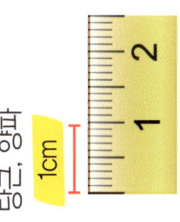

재료

- 새우살(내장 있는 것) 200g
- 당근(길이로 썰어서) 30g
- 양파(중, 150g 정도) 1/4개
- 완두콩 10g
- 달걀 1개
- 대파(흰부분, 6cm 정도) 1토막
- 녹말가루(감자전분) 100g
- 토마토 케첩 50g
- 육수(또는 물) 100ml

합격포인트

1. 케첩 자체의 농도도 있기 때문에 소스를 만들 때 물녹말의 양을 주의한다.
2. 튀김을 할 때 1차, 2차 튀김의 온도를 주의한다.
3. 새우가 작으면 뭉쳐 튀기고, 크면 등 쪽을 반으로 가른다.

조리과정

1
새우는 이쑤시개 등을 이용해 등 쪽으로 내장을 빼낸 후 소금물에 씻어 물기를 제거한 후 청주 1작은술을 넣고 섞어준다.

2
생강은 편썰고 당근, 양파, 대파는 사방 1cm 정도의 사각으로 편으로 썬다.
(Key 당근은 1cm×1cm×0.2cm 정도로 썬다.)

3
녹말가루 1큰술, 물 2큰술을 섞어 물녹말을 만든다.

4
새우에 달걀 물, 녹말가루(또는 앙금녹말)로 만든 튀김옷을 입혀 2번 튀긴다. 1차 튀김 140℃, 2차 튀김 160~170℃ 기름에서 바삭하게 튀긴다.
(Key 튀김옷을 이용해 기름의 온도를 확인한 후 튀기고, 새우가 너무 작으면 2~3개씩 뭉쳐서 튀긴다.)

5 가열된 팬에 기름을 둘러 대파, 생강을 먼저 볶아 향을 낸 후 청주, 간장을 넣고 양파, 당근, 완두콩을 넣어 살짝 볶는다.

6 ⑤에 물 1/2컵, 토마토 케첩 3큰술, 설탕 1큰술을 넣고 끓인 후 물녹말로 농도를 맞춘다.
(Key 물녹말은 소스가 끓을 때 조금씩 넣으면서 농도를 맞춘다.)

7 튀긴 새우를 넣고 버무린 후, 완성접시에 담아낸다.

채소볶음
炒青菜

시험시간 25분

요구사항

1. 모든 채소는 길이 4cm 정도의 편으로 써시오.
2. 대파, 마늘, 생강을 제외한 모든 채소는 끓는 물에 살짝 데쳐서 사용하시오.

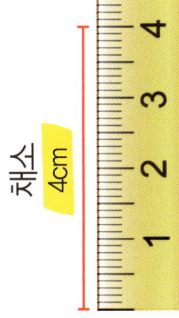

재료

- 청경채 1개
- 건표고버섯(지름 5cm 정도, 물에 불린 것) 2개
- 셀러리 30g
- 청피망(중, 75g 정도) 1/3개
- 당근(길이로 썰어서) 50g
- 양송이(통조림, whole, 큰 것) 2개
- 죽순(통조림, whole, 큰 것) 30g
- 대파(흰부분, 6cm 정도) 1토막
- 마늘(중, 깐 것) 1쪽
- 생강 5g
- 녹말가루(감자전분) 20g
- 흰 후춧가루 2g
- 소금(정제염) 5g
- 진간장 5ml
- 청주 5ml
- 참기름 5ml
- 육수(또는 물) 50ml
- 식용유 45ml

합격포인트

1. 모든 채소의 크기는 일정하게 한다.
2. 재료를 볶는 순서에 유의해야 된다.
3. 간장은 소량만 넣고 채소를 재빨리 볶아 색이 선명하게 한다.
4. 완성품의 농도에 주의하고, 녹말을 중간 불에서 풀어 탁하지 않게 한다.

조리과정

1 냄비에 물을 올리고, 표고버섯, 당근, 죽순(석회질 제거), 피망을 4cm×1.5cm 편으로 일정하게 썰고 양송이는 편을 썬다.

2 셀러리는 섬유질을 제거하여 4cm×1.5cm로 썬다.

3 청경채, 대파는 심을 제거한 뒤 4cm 길이로 썰고 마늘, 생강은 편으로 썬다.

4 끓는 물에 대파, 마늘, 생강을 제외한 모든 채소를 데친 후 찬물에 헹구어 물기를 살짝 제거한다.

5. 녹말가루 1큰술, 물 2큰술을 섞어 물녹말을 만든다.

6. 달군 팬에 기름을 두르고 대파, 마늘, 생강을 먼저 볶은 뒤 간장, 청주를 넣어 향을 낸 후 표고버섯, 양송이, 당근, 죽순, 셀러리, 피망, 청경채 순으로 넣고 센 불에서 재빨리 볶는다. 5에 물 1/4컵을 넣고 끓으면 소금, 흰 후춧가루로 간을 한 후 물녹말로 농도를 맞춘다.
(Key 물녹말이 뭉치지 않게 불을 줄이고 2번 정도 나눠 넣는다.)

7. 참기름을 넣고 버무려 완성접시에 담아낸다.

PART 03

- **01** 경장육사
- **02** 깐풍기
- **03** 라조기
- **04** 새우볶음밥
- **05** 유니짜장면
- **06** 울면
- **07** 탕수생선살
- **08** 탕수육
- **09** 홍쇼두부

시험시간 30분

경장육사
京酱肉丝

시험시간 30분

요구사항

1. 돼지고기는 길이 5cm 정도의 얇은 채로 썰고 간을 하여 초벌하시오.
2. 춘장은 기름에 볶아서 사용하시오.
3. 대파채는 길이 5cm 정도로 어슷하게 채 썰어 매운맛을 빼고 접시 위에 담으시오.

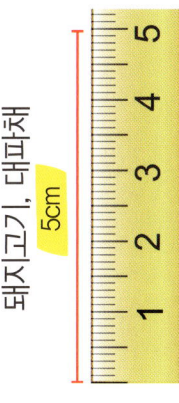

재료

- 돼지 등심(살코기) 150g
- 대파(흰부분, 6cm 정도) 3토막
- 죽순(통조림, whole, 고형분) 100g
- 마늘(중, 깐 것) 1쪽
- 녹말가루(감자전분) 50g
- 달걀 1개
- 굴소스 300ml
- 춘장 50g
- 식용유 300ml
- 생강 5g
- 백설탕 30g
- 청주 30ml
- 진간장 30ml
- 참기름 5ml
- 육수(또는 물) 30ml

합격포인트

1. 돼지고기는 결대로 얇게 채 썰어준다.
2. 대파를 부서지지 않도록 얇게 채 썰어준다.
3. 춘장은 뭉치지 않도록 너무 높지 않은 온도에서 볶아준다.
4. 완성된 경장육사의 소스가 흐르지 않도록 농도를 조절해준다.

조리과정

1 대파는 길게 반을 갈라 속심을 빼고 다시 말아서 5cm로 어슷하고 얇게 채 썬 후 찬물에 담가 매운맛을 빼고 남은 대파는 다져둔다.

2 죽순은 석회질을 제거하고 5cm 정도의 길이로 채 썰어 끓는 물에 데친 후 찬물에 헹구고 마늘, 생강을 잘게 다진다.

3 돼지고기는 키친타올에 밭쳐 핏물을 제거한 후 5cm 길이로 얇게 채 썰어 간장, 청주, 달걀흰자, 녹말가루에 버무린다.

4 팬에 기름을 넣어 100~120℃ 정도가 되면 ③의 돼지고기를 넣고, 부드럽게 익혀준 뒤 체에 밭쳐 기름을 빼둔다.

5 팬에 기름을 넣어 가열시킨 다음 춘장 2큰술을 넣고 기포가 생기면서 풀어지면 체에 밭쳐 기름을 따라낸다.
(Key 춘장을 너무 센불로 볶거나 오래 볶으면 딱딱해진다.)

6 찬물에 담가둔 파채를 건져 물기를 제거한 후 둥지 모양으로 완성접시에 담아둔다.

7 녹말가루 1큰술, 물 2큰술로 물녹말을 만든다.

8 달군 팬에 기름을 두르고 다져둔 대파, 마늘, 생강을 먼저 볶아 향을 낸 뒤 간장, 청주, 죽순, 고기 순으로 넣고 볶은 춘장, 굴소스 1/2큰술, 설탕 1작은술, 물 3큰술을 넣어 잘 섞이도록 끓이면서 중불에서 물녹말로 농도를 맞춘다.
(Key 볶은 춘장은 한번에 넣지 않고 색을 보면서 양을 가감한다.)

9 불을 끄고 참기름을 넣어 고루 섞은 후 파채 위에 소복이 담아 완성한다.

깐풍기
干烹鸡

시험시간 30분

요구사항

1. 닭은 뼈를 발라낸 후 사방 3cm 정도 사각형으로 써시오.
2. 닭은 튀기기 전에 튀김옷을 입히시오.
3. 채소는 0.5cm×0.5cm로 써시오.

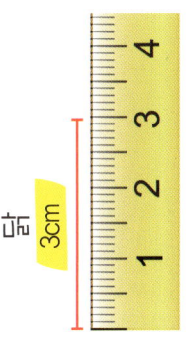

재료

- 닭다리(중닭, 1200g 짜리, 허벅지살 포함) 1개
- 청피망(중, 75g 정도) 1/2개
- 홍고추(생) 1개
- 대파(흰부분, 6cm 정도) 2토막
- 마늘(중, 깐 것) 3쪽
- 생강 5g
- 달걀 1개
- 녹말가루(감자전분) 100g
- 검은 후춧가루 1g
- 백설탕 15g
- 소금(정제염) 10g
- 진간장 15ml
- 청주 15ml
- 육수(또는 물) 45ml
- 식초 15ml
- 참기름 5ml
- 식용유 800ml

깐풍소스 물 2큰술, 간장 1큰술, 설탕 1큰술, 청주 1작은술, 식초 1큰술, 검은 후춧가루

합격포인트

1. 마늘, 생강은 채소보다 작게 썬다.
2. 튀긴 닭고기에 소스가 베일 정도로 조린다(물전분을 사용하지 않는다.)
3. 청고추는 색이 변하지 않도록 빠르게 조리한다.

조리과정

1
녹말가루와 동량의 물을 넣고 녹말을 가라앉혀 튀김옷에 사용할 앙금녹말을 만든다.

2
씨를 뺀 홍고추, 심을 제거한 대파, 피망은 사방 0.5cm 동일한 크기로 썰고 마늘, 생강은 다진다.
(Key 부재료가 너무 굵으면 닭에 붙지 않고, 완성작의 품질이 낮아진다.)

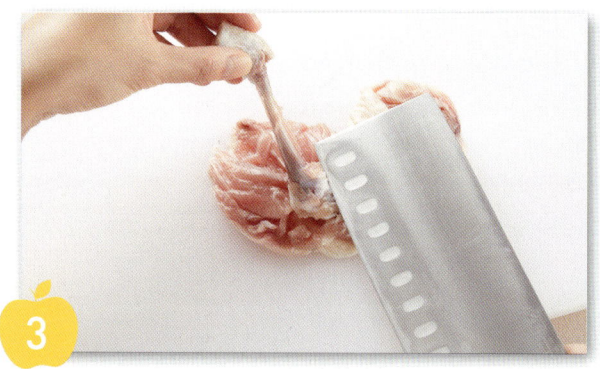

3
닭은 찬물에 씻어 불필요한 부분은 제거하고 핏물을 제거한 다음에 뼈를 발라낸다.

4
뼈를 발라낸 닭을 껍질째 사방 3cm 크기로 썰어 소금, 청주, 후춧가루로 밑간을 한 후 달걀 물과 앙금녹말로 튀김옷을 입힌다.
(Key 튀김옷이 질 경우 녹말가루를 섞는다.)

5
물 2큰술, 간장 1큰술, 설탕 1큰술, 청주 1작은술, 식초 1큰술, 후춧가루 약간을 섞어 깐풍소스를 만든다.

6 4의 닭을 껍질 부분으로 감싸서 둥근 모양이 되도록 튀김기름에 넣는다. 1차 튀김 140℃, 2차 튀김 160~170℃ 기름에서 바삭하게 튀긴다.

7 달군 팬에 기름을 두르고 대파, 마늘, 생강을 먼저 볶아 향을 낸 뒤 청주, 간장을 약간씩 넣는다. 계속해서 홍고추, 피망을 넣고 재빨리 볶다가 깐풍소스를 넣고 조린다.

8 7에 튀긴 닭을 넣고 살짝 버무린 후 참기름을 넣는다.

9 완성접시에 소복이 담아낸다.

라조기

辣椒鸡

요구사항

1. 닭을 뼈를 발라낸 후 5cm×1cm 정도의 길이로 써시오.
2. 채소는 5cm×2cm 정도의 길이로 써시오.

재료

- 닭다리(중닭, 1,200g 짜리, 허벅지살 포함) 1개
- 죽순(통조림, whole, 고형분) 50g
- 건표고버섯(지름 5cm 정도, 물에 불린 것) 1개
- 홍고추(건) 1개
- 양송이(통조림, whole, 큰 것) 1개
- 청피망(중, 75g 정도) 1/3개
- 청경채 1포기
- 대파(흰부분, 6cm 정도) 2토막
- 녹말가루(감자전분) 100g
- 마늘(중, 깐 것) 1쪽
- 달걀 1개
- 진간장 30ml
- 생강 5g
- 소금(정제염) 3g
- 검은 후춧가루 1g
- 청주 15ml
- 고추기름 10ml
- 식용유 900ml
- 육수(또는 물) 200ml

합격포인트

1. 물녹말로 소스의 농도를 맞춘 후 남은 고추기름을 버무려 담는다.
2. 라조기 소스의 농도가 너무 묽지 않게 한다.

조리과정

1. 냄비에 물을 올리고 죽순(석회질 제거), 양송이, 청경채, 표고버섯은 5cm×2cm로 썰어 끓는 물에 데친 후 찬물에 헹군다.
(Key 양송이는 모양을 살려 편으로 썬다.)

2. 피망, 대파, 홍고추(건)는 씨를 제거하고 5cm×2cm로 썰고 마늘, 생강은 편으로 썬다.

3. 녹말가루 1큰술, 물 2큰술로 물녹말을 만든다.

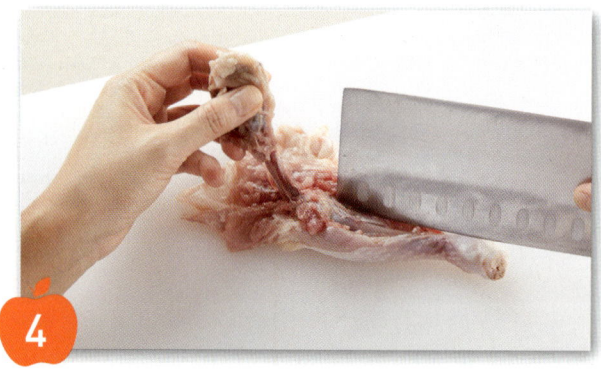

4. 닭은 찬물에 씻고 불필요한 부분, 지방 등을 제거한 뒤, 핏물을 제거한 다음에 뼈를 발라낸다.

5. 닭은 뼈를 발라내어 5cm×1cm 길이로 썰어 간장, 소금, 청주, 후춧가루로 밑간을 한 후 달걀흰자, 녹말가루(또는 앙금녹말)로 튀김옷을 입힌다.

6. **5**의 닭을 1차 튀김 160℃, 2차 튀김 180℃ 기름에서 바삭하게 튀긴다.

edukyungrok.com

7 달군 팬에 고추기름 1/2큰술을 두르고, 홍고추(건), 마늘, 생강, 대파를 먼저 볶아 향이 나면 간장, 청주를 넣고 표고버섯, 죽순, 양송이, 피망, 청경채 순으로 볶는다.
(Key 고추기름은 2번에 나눠 사용하고, 청경채를 나중에 넣어 색이 유지되도록 한다.)

8 7에 물 1컵을 넣어 끓으면 튀긴 닭을 넣고 소금, 후춧가루로 간을 한 후 물녹말로 농도를 맞춘다. 남은 고추기름을 넣고 버무려 완성한다.

9 완성접시에 소복이 담아낸다.

새우볶음밥

虾仁炒饭

시험시간 **30분**

요구사항

1. 새우는 내장을 제거하고 데쳐서 사용하시오.
2. 채소는 0.5cm 정도 크기의 주사위 모양으로 써시오.
3. 완성된 볶음밥은 질지 않게 하여 전량 제출하시오.

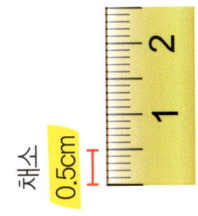

재료

- 쌀(30분 정도 물에 불린 쌀) 150g
- 작은 새우살 30g
- 달걀 1개
- 대파(흰부분, 6cm 정도) 1토막
- 당근 20g
- 청피망(중, 75g 정도) 1/3개
- 소금 5g
- 흰 후춧가루 5g
- 식용유 30ml

합격포인트

1. 불려진 쌀로 밥을 하기 때문에 물의 양에 주의하여 밥을 짓는다.
2. 밥은 고슬고슬하게 지어 넓은 그릇에 빠르게 펼쳐서 식힌다.
3. 달군 팬에 기름과 밥을 넣고, 주걱을 세워 밥알이 고루 노릇하게 볶이게 한다.
4. 재료들이 타지 않도록 주의하여 볶아준다.

조리과정

1

냄비에 물을 올리고, 새우는 이쑤시개를 이용해 내장을 제거한 후 끓는 물에 데친다.

2

불린 쌀을 씻어서 체에 건져 물을 동량으로 넣고 밥을 고슬고슬하게 지어 식혀둔다.
(🔑 밥이 타지 않게 주의하며 고슬고슬하게 지어 식힌다.)

3

당근, 피망, 대파는 사방 0.5cm 크기의 주사위 모양으로 썬다.

4

달걀을 먼저 풀어 놓고, 달군 팬에 기름을 둘러 풀어둔 달걀을 넣고 저으면서 부드럽게 익힌 뒤 빼놓는다.
(🔑 달걀을 풀 때 젓가락을 바닥에 데고 저어야 거품이 많이 생기지 않는다.)

5 달군 팬에 기름을 두르고 채소를 볶다가 밥을 넣고 흰 후춧가루, 소금으로 간한 후 새우를 넣어 센불에서 볶아낸 뒤, ④의 익힌 달걀을 넣고 고루 섞는다. (Key 피망은 늦게 넣어 색을 살리고 밥에 기름이 고루 스며들게 충분히 볶는다.)

6 밥이 노릇하게 되고 기름이 고루 스며들었으면 불을 끄고 완성접시에 보기 좋게 담아낸다.

유니짜장면

肉泥炸酱面

시험시간 **30분**

요구사항

1. 춘장은 기름에 볶아서 사용하시오.
2. 양파, 호박은 0.5cm×0.5cm 정도 크기의 네모꼴로 써시오.
3. 중화면은 끓는 물에 삶아 찬물에 헹군 후 데쳐 사용하시오.
4. 삶은 면에 짜장소스를 부어 오이채를 올려내시오.

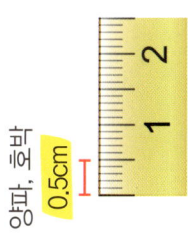

재료

- 돼지 등심(다진 살코기) 50g
- 중화면(생면) 150g
- 양파(중, 150g 정도) 1개
- 호박(애호박) 50g
- 오이(가늘고 곧은 것, 20cm 정도) 1/4개
- 춘장 50g
- 생강 10g
- 녹말가루(감자전분) 50g
- 소금 10g
- 백설탕 20g
- 청주 50ml
- 참기름 10ml
- 진간장 50ml
- 식용유 100ml
- 육수(또는 물) 200ml

합격포인트

1. 재료를 볶는 순서에 유의하며 조리한다.
2. 식힌 뒤 다시 끓는물에 데쳐서 사용하여야 함으로 삶을 때 유의한다.
3. 짜장소스의 색과 농도가 적절해야 한다.

조리과정

1

냄비에 물을 올리고, 양파, 호박은 사방 0.5cm 크기로 썰고 생강은 곱게 다진다.

2

오이는 소금으로 씻은 뒤 가시를 제거하여 채 썰고, 지급된 다진 고기는 한 번 더 다져 키친타올에 받쳐 핏물을 제거한다.

3

녹말가루 1큰술, 물 2큰술을 섞어 물녹말을 만든다.

4

팬에 기름 4큰술 정도를 넣어 가열시킨 후 춘장을 넣고 약불로 볶아준다. 기포가 생기면서 풀어지면 체에 받쳐 기름을 따라낸다.
(Key 춘장을 너무 센 불로 볶거나 오래 볶으면 딱딱해진다.)

5 달군 팬에 기름을 둘러 다진 생강과 약간의 양파를 먼저 볶은 뒤 고기를 넣고 간장, 청주로 향을 낸 후, 양파, 호박을 넣고 볶은 춘장과 넣어가며 고루 섞이게 볶은 뒤 소금으로 간을 한다.
(Key 볶은 춘장의 양은 색을 보면서 양을 가감한다.)

6 5에 물 1컵, 설탕 1작은술을 넣고 끓으면, 중불에서 물녹말로 농도를 맞춘 후 불을 끄고 참기름을 넣어 고루 섞는다.
(Key 물녹말을 조금씩 넣으면서 농도를 맞춘다.)

7 끓는 물에 중화면을 넣고 삶은 뒤 찬물에 헹군 후 제출 직전에 다시 뜨거운 물에 데쳐 완성그릇에 담는다.
(Key 지급된 면이 굵으면 3~4번, 얇으면 1~2번 정도 찬물을 끼얹어 속까지 익힌다.)

8 삶은 면 위에 짜장소스를 붓고, 그 위에 오이채를 둘러 완성한다.
(Key 면이 차가우면 소스가 면에 묻지 않고 겉돌게 된다.)

울면
温卤面

시험시간 30분

요구사항

1. 오징어, 대파, 양파, 당근, 배춧잎은 6cm 정도 길이로 채를 써시오.
2. 중화면은 끓는 물에 삶아 찬물에 헹군 후 데쳐 사용하시오.
3. 소스는 농도를 잘 맞춘 다음, 달걀을 풀 때 덩어리지지 않게 하시오.

재료

- 중화면(생면) 150g
- 오징어(몸통) 50g
- 작은 새우살 20g
- 조선부추 10g
- 건목이버섯 1개
- 당근(길이 6cm 정도) 20g
- 배춧잎(1/2잎) 20g
- 대파(흰부분 6cm 정도) 1토막
- 양파(중, 150g 정도) 1/4개
- 마늘(중, 깐 것) 3쪽
- 달걀 1개
- 소금 5g
- 녹말가루(감자전분) 20g
- 흰 후춧가루 3g
- 진간장 5ml
- 청주 30m
- 참기름 5ml
- 육수(또는 물) 500ml

합격포인트

1. 물녹말로 농도를 맞춘 후에 달걀을 넣고 부드럽게 익혀야 한다.
2. 달걀을 풀고, 달걀 물이 다 익은 뒤 살짝 저어 국물이 탁해지지 않도록 한다.
3. 달걀이 덩어리지지 않고, 소스 농도가 너무 되직하지 않아야 한다.
4. 완성작에서 모든 재료가 고루 보일 수 있도록 해준다.

조리과정

1 냄비에 물을 올리고 양파, 배춧잎, 당근, 대파, 부추는 6cm 길이로 채 썰고 마늘은 다지고 따뜻한 물에 건목이버섯을 물에 불린 후 손으로 뜯어준다.

2 오징어는 껍질을 제거한 후 익혔을 때 말리지 않도록 6cm 길이로 채 썬다.

3 새우는 내장을 제거해 둔다.

4 달걀은 풀어 체에 내려둔다.

5 녹말가루 1큰술, 물 2큰술로 물녹말을 만든다.

6 냄비에 물 2.5컵(500ml)을 붓고 끓으면 마늘, 대파, 간장, 소금, 청주를 넣고 다시 끓어오르면 당근, 양파, 배추, 건목이버섯 순으로 넣고 끓어오르면 오징어, 새우를 넣고 끓이면서 거품을 제거한다.
(**Key** 재료를 넣을 때 순서를 생각해서 넣는다.)

7 6에 물녹말로 농도를 맞춘 후 체에 내린 달걀을 조금씩 흘려 넣는다. 달걀이 부드럽게 익으면 흰 후춧가루, 부추, 참기름을 넣는다.
(**Key** 달걀을 풀어 익힐 때는 약불로 서서히 익히고 달걀이 떠오르면 가볍게 저어준다.)

8 중화면을 끓는 물에 삶고 찬물에 헹궈 건진 후 다시 뜨거운 물에 데친다.
(**Key** 지급된 면이 굵으면 3~4번, 얇으면 1~2번 정도 찬물을 끼얹어 속까지 익힌다.)

9 삶은 중화면을 완성그릇에 담고 8을 재료가 위쪽으로 오도록 끼얹는다.
(**Key** 중화면을 미리 삶아두는 경우 뜨거운 물에 다시 데친 후 담아낸다.)

탕수생선살
糖醋鱼块

시험시간 30분

요구사항

1. 생선살은 1cm×4cm 크기로 썰어 사용하시오.
2. 채소는 편으로 썰어 사용하시오.

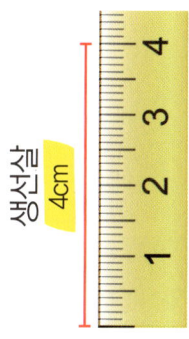

재료

- 흰 생선살(껍질 벗긴 것, 동태 또는 대구) 150g
- 당근 30g
- 오이(가늘고 곧은 것, 20cm 정도) 1/6개
- 완두콩 20g
- 파인애플(통조림) 1쪽
- 건목이버섯 2개
- 달걀 1개
- 녹말가루(감자전분) 100g
- 백설탕 100g
- 식용유 600ml
- 식초 60ml
- 진간장 30ml
- 육수(또는 물) 300ml

탕수 소스 물 1컵, 설탕 4큰술, 식초 2.5큰술, 간장 1큰술

합격포인트

1. 생선살이 부서지지 않게 물기를 제거한다.
2. 기름의 온도가 충분히 오른 다음 바삭하게 튀긴다.
3. 각 상황에 맞는 앙금녹말, 물녹말을 사용한다.

조리과정

1 물과 녹말가루를 1 : 1로 섞어 앙금녹말을 만든다. 건목이버섯은 따뜻한 물에 불린다.

2 당근, 오이는 편으로 썰고 파인애플도 비슷한 크기(6~8등분)로 썰고 불린 목이버섯은 손질하여 뜯어놓고 완두콩은 흐르는 물에 씻어둔다.

3 물녹말(녹말 1큰술, 물 2큰술)과 탕수소스(물 1컵, 설탕 4큰술, 식초 2.5큰술, 간장 1큰술)를 만든다.

4 생선살의 물기를 제거하여 4cm×1cm ×1cm 크기로 썰고 흰자, 앙금녹말을 넣어 튀김옷을 입힌다.
(Key 썬 생선살에 물기가 많으면 가볍게 짜준다.)

5 를 1차 튀김 150℃, 2차 튀김 170℃로 바삭하게 튀겨 완성접시에 담아둔다.
(Key 튀길 때 생선살이 부서지지 않게 조심한다.)

6 달군 팬에 기름을 둘러 당근, 목이버섯, 완두콩을 넣고 볶은 후 탕수소스를 넣어 끓이다가 중불로 낮춘 뒤 물녹말로 농도를 맞추고, 오이를 넣고 잠깐 끓여낸다.

7 튀긴 생선살 위에 6을 끼얹어 완성한다.

탕수육
糖醋肉

요구사항

1. 돼지고기 길이는 **4cm** 정도로 하고 두께는 **1cm** 정도의 긴 사각형 크기로 써시오.
2. 채소는 편으로 써시오.
3. 앙금녹말을 만들어 사용하시오.
4. 소스는 달콤하고 새콤한 맛이 나도록 만들어 돼지고기에 버무려 내시오.

재료

- 돼지 등심(살코기) 200g
- 완두(통조림) 15g
- 당근(길이로 썰어서) 30g
- 오이(가늘고 곧은 것, 20cm 정도) 1/10개
- 건목이버섯 2개
- 양파(중, 150g 정도) 1/4개
- 달걀 1개
- 녹말가루(감자전분) 100g
- 대파(흰부분, 6cm 정도) 1토막
- 백설탕 100g
- 진간장 15ml
- 식용유 800ml
- 육수(또는 물) 200ml
- 식초 50ml
- 청주 15ml

탕수소스 간장 1큰술, 설탕 4큰술, 식초 2.5큰술

합격포인트

1. 튀김이 바삭하게 하고 소스의 농도가 너무 묽지 않게 한다.
2. 튀김이 타지 않도록 해야 된다.
3. 각 상황에 맞는 앙금녹말, 물녹말을 사용한다.

조리과정

1. 냄비에 건목이버섯 불릴 물을 올려두고, 녹말가루와 동량의 물을 넣고 섞은 뒤 녹말을 가라앉혀 튀김옷에 사용할 앙금녹말을 만들고 건목이버섯은 따뜻한 물에 불려둔다.

2. 오이, 당근, 양파, 대파는 3cm로 편으로 썬다. 불린 목이버섯은 손으로 뜯어두고 완두콩은 흐르는 물에 씻어두고 목이버섯은 뜯어 놓는다.
(Key 오이는 반달모양 또는 네모모양으로 편 썰기한다.)

3. 돼지고기는 4cm×1cm×1cm의 긴 사각형으로 썰어 간장, 청주로 밑간한다.

4. 물녹말(녹말가루 1큰술, 물 2큰술)을 만들어 놓고 탕수소스(간장 1큰술, 설탕 4큰술, 식초 2.5큰술)를 만든다.

5 밑간한 돼지고기에 달걀 물, 앙금녹말을 넣어 튀김옷을 입힌 후 2번 튀긴다. 1차 튀김 140℃, 2차 튀김 160~170℃ 기름에 바삭하게 튀겨 완성접시에 담는다.
(**Key** 튀김옷이 질 경우에는 녹말가루를 더 넣는다.)

6 달군 팬에 기름을 두르고 대파를 볶아 향이 나면 물 1컵, 채소(오이 제외)를 넣어 끓으면 탕수소스를 넣고 오이를 넣은 후 중불로 줄인 뒤 물녹말로 농도를 맞춘다.
(**Key** 오이는 색이 변하지 않도록 마지막에 넣는다.)

7 **5**의 준비해 둔 돼지고기 위에 **6**을 끼얹어 완성한다.

홍쇼두부

红烧豆腐

시험시간 30분

요구사항

1. 두부는 가로와 세로 5cm, 두께 1cm 정도의 삼각형 크기로 써시오.
2. 채소는 편으로 써시오.
3. 두부는 으깨지거나 붙지 않게 하고 갈색이 나도록 하시오.

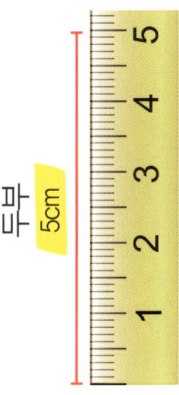

재료

- 두부 150g
- 돼지 등심(살코기) 50g
- 건표고버섯(지름 5cm 정도, 물에 불린 것) 2개
- 청경채 1포기
- 홍고추(생) 1개
- 대파(흰부분, 6cm 정도) 1토막
- 마늘(중, 깐 것) 3쪽
- 죽순(통조림, whole, 고형분) 30g
- 양송이(통조림, whole, 고형분) 2개
- 생강 5g
- 달걀 1개
- 녹말가루(감자전분) 10g
- 진간장 15ml
- 육수(또는 물) 100ml
- 청주 5ml
- 참기름 5ml
- 식용유 500ml

합격포인트

1. 두부는 부서지지 않고 연갈색이 고루 나야 한다.
2. 채소를 너무 오래 볶아 색이 변하지 않도록 한다.
3. 전체적으로 연한 간장색이 나도록 한다.
4. 채소와 튀긴 두부가 잘 어우러질 수 있도록 소스의 농도를 조절해야 한다.

조리과정

1 냄비에 물을 올리고, 두부는 사방 5cm의 정육면체로 썬 뒤 대각선으로 반을 자르고 두께 1cm 정도의 삼각형으로 썰어 물기를 제거한다.

2 죽순은 석회질을 제거하고, 청경채와 같은 크기 4cm ×1.5cm로 썰고, 양송이는 편으로 썰어 끓는 물에 데친 후 헹군다.

3 씨를 제거한 홍고추와 표고버섯, 대파는 죽순과 같은 크기로 썰고 마늘, 생강은 편으로 썬다.

4 모양에 맞게 썰어둔 두부를 160℃의 기름에 서로 붙지 않고 연갈색이 나도록 튀겨낸다.

5 돼지고기는 핏물을 제거한 후 3cm×3cm 정도 크기의 편으로 썰어 간장, 청주로 밑간하고 달걀흰자와 녹말가루 약간으로 버무린 후 기름에 데쳐낸다.

6 녹말 1큰술과 물 2큰술을 섞어 물녹말을 만든다.

7 기름을 두른 팬에, 대파, 마늘, 생강으로 향을 낸 후 간장, 청주를 넣어 볶은 뒤 표고버섯, 죽순, 양송이, 홍고추, 청경채 순으로 볶다가 물 1/2C을 넣고 끓으면 튀긴 두부와 고기를 넣고 끓여낸다. 불은 중불로 한 뒤 물녹말로 농도를 맞춘 후 불을 끄고 참기름을 넣어 고루 섞는다.
(Key 물녹말은 조금씩 넣어가며 농도를 맞춘다.)

8 완성접시에 소복이 담아낸다.

PART 04

01 양장피잡채

시험시간 **35분**

양장피잡채

凉拌两张皮

시험시간 **35분**

요구사항

1. 양장피는 4cm 정도로 하시오.
2. 고기와 채소는 5cm 정도 길이의 채를 써시오.
3. 겨자는 숙성시켜 사용하시오.
4. 볶은 재료와 볶지 않은 재료의 분별에 유의하여 담아내시오.

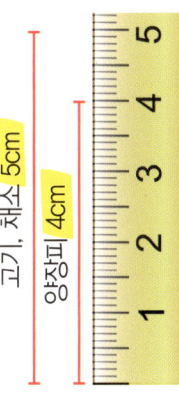

재료

- 양장피 1/2장
- 돼지 등심(살코기) 50g
- 새우살(소) 50g
- 갑오징어살(오징어 대체 가능) 50g
- 건해삼(불린 것) 60g
- 오이(가늘고 곧은 것, 20cm 정도) 1/3개
- 양파(중, 150g 정도) 1/2개
- 조선부추 30g
- 건목이버섯 3개
- 당근(길이로 썰어서) 30g
- 달걀 1개
- 겨자 10g
- 식초 50ml
- 백설탕 30g
- 육수(물로 대체 가능) 30ml
- 식용유 20ml
- 소금(정제염) 3g
- 진간장 5ml
- 참기름 5ml

겨자소스 발효 겨자 1/2큰술, 설탕 1큰술, 식초 1큰술, 소금 1/3작은술, 참기름

합격포인트

1. 양장피는 물에 넣고 부드러워지면 바로 건져 찬물에 식힌다.
2. 시간 배분을 잘해서 제한시간 안에 제출하도록 한다.
3. 돌려 담는 재료와 볶는 재료를 구분해서 사용한다.
4. 접시 가장자리 돌리는 재료는 준비되면 바로 완성접시에 담아 시간을 절약한다.
5. 접시에 담을 때 배선을 신경쓰며 담는다.

조리과정

1. 냄비에 물을 올리고 미지근한 물에 겨자를 개어 발효를 시킨다.
(**Key** 겨자를 발효시킬 때 냄비 뚜껑 위, 가스레인지 옆 등 따뜻한 곳에서 발효시킨다.)

2. 양장피는 물에 담가놓고 미지근한 물에 목이버섯을 불린다. 끓는 물에 소금을 넣고 당근을 데쳐 5cm× 0.3cm로 채 썬다. 오이도 당근과 같은 크기로 채 썰어 접시에 같은 재료끼리 마주보게 담는다.

3. 새우는 내장을 제거하여 데치고, 오징어는 껍질을 벗겨, 칼집을 낸 후 해삼과 함께 끓는 물에 데쳐 5cm 길이로 채 썬다.

4. 달걀은 황·백 지단으로 분리하여 지단을 부쳐 5cm 길이로 채 썬다.
(**Key** 달걀에서 흰자가 많기 때문에 노른자에 흰자를 조금 섞어 비율을 맞춰준다.)

5. 양장피는 끓는 물에 데쳐 찬물에 헹군 후 사방 4cm 정도로 찢어 참기름에 버무린다.

6 채 썬 지단을 ②, ③, ④에서 준비한 재료와 함께 완성접시 가장 자리에 같은 재료가 마주보게 담는다. (Key 담을 때는 같은 재료가 서로 마주보게 담고, 비슷한 색은 바로 옆에 담지 않는다.)

7 양파, 부추, 키친타올로 핏물을 제거한 돼지고기는 5cm 길이로 채 썰고, 불린 목이버섯은 손으로 뜯어서 볶을 재료를 준비한다.

8 달군 팬에 기름을 둘러 고기를 볶다가 간장을 넣어 향을 내고 양파, 목이버섯을 넣고 볶는다. 마지막에 부추를 넣고 센불에 재빨리 볶으면서 소금, 참기름을 넣는다.

9 ⑥의 완성그릇에 준비해둔 재료 위에 양장피를 담는다.

10 발효 겨자 1/2큰술, 설탕 1큰술, 식초 1큰술, 소금 1/3 작은술, 참기름 약간을 섞어 겨자소스를 만든다.

11 ⑨의 중앙에 볶은 재료를 소복이 담고 겨자소스를 끼얹어 완성한다.

HONEY TIP

레시피 요약

레시피 요약

01 부추잡채

시험시간 20분

① 부추의 흰 줄기와 푸른 잎을 6cm로 썰기 → 구분해서 담기
② 돼지고기를 결대로 6cm×0.3cm로 채 썰기 → 소금, 청주 섞기 → 흰자, 녹말가루 섞기 → 기름에 데쳐 체에 밭치기
③ 팬을 달궈 기름 두르기 → 부추 흰줄기 볶기 → 소금, 청주 → 푸른 잎 볶기 → 익힌 고기 볶기 → 불 끄고 참기름 → 완성접시

02 오징어 냉채

시험시간 20분

① 냄비에 물 끓이기
② 미지근한 물에 겨자 1/2큰술 발효시키기
③ 오이 가시 제거 → 오이는 길이로 반을 자른 후 3cm 길이로 편 썰기
④ 오징어는 껍질 벗겨 가로, 세로 0.3cm로 칼집내서 데친 후 3~4cm 정도로 썰어(갑오징어 두꺼울 시 이단 썰기) → 데치기
   * 겨자소스 : 발효겨자 1/2T, 물 1/2T, 설탕 1T, 식초 1T, 소금 1/3T, 참기름
⑤ 오징어와 오이를 섞어 완성접시에 담기 → 겨자소스 끼얹기

03 해파리냉채

시험시간 20분

① 냄비에 물 끓이기
② 해파리를 찬물에 헹궈 염분 제거
③ 끓지 않는 뜨거운 물에 해파리를 데쳐 찬 물에 헹구기 → 설탕 1/2T, 식초 1/2T에 버무리기 → 체 밭치기
④ 오이는 소금에 비벼 씻어 0.2cm×6cm로 채 썰기
   * 마늘소스 : 다진 마늘 1T, 설탕 1T, 식초 1T, 소금 1/3t, 참기름
⑤ 물기를 제거한 해파리에 마늘소스 절반 무치기 → 채 썬 오이 섞기 → 완성접시에 담고 남은 소스 끼얹기

edukyungrok.com

04 고추잡채

시험시간 25분

① 표고버섯, 죽순을 데쳐 찬물에 헹구기
② 피망 씨 제거 5cm 채 썰기 → 양파, 표고버섯, 죽순(석회질 제거) 5cm 길이 채 썰기
③ 돼지고기 5cm 얇게 채 썰기 → 간장, 청주 → 흰자, 녹말가루 → 식용유에 데쳐 체에 받쳐 기름 빼기
④ 달군 팬에 기름 두르기 → 양파 볶기 → 표고버섯, 죽순 볶기 → 간장, 청주 → 피망 볶기 → 소금간 → 기름에 데친 고기 볶기 → 불 끄고 참기름 → 완성접시

05 난자완스

시험시간 25분

① 물 끓여두고, 대파심 빼고 3cm 편 썰기 → 마늘 편 썰기 → 생강 다지기
② 돼지고기 핏물 제거 후 다지기 → 간장, 청주, 소금, 후추, 참기름 밑간+달걀 흰자, 녹말가루 → 젓가락으로 한 방향으로 젓기
  * 물녹말 : 물 2T, 녹말가루 1T
③ 표고버섯, 청경채, 표고버섯, 죽순 4cm 길이로 편 썰기 → 데치기
④ ②를 손과 숟가락을 이용하여 둥근 완자 만들기 → 숟가락으로 지름 4cm 정도 납작하게 눌러주기 → 팬에 기름을 넉넉히 넣고 온도를 높여 갈색으로 튀기기
⑤ 팬에 식용유 → 마늘, 대파, 생강 → 간장, 청주, 죽순, 표고버섯, 물 1C → 끓으면 튀긴 고기, 소금, 후추 → 완자가 절반 정도 잠길만큼 졸이기 → 청경채 → 물녹말 → 참기름 → 완성접시 담기

06 마파두부

시험시간 25분

① 냄비에 물 끓이기 → 두부 1.5cm의 주사위 모양으로 썰기 → 데쳐 찬물에 헹구기
② 마늘, 생강 다지기 → 대파(심 제거), 홍고추(씨 제거) 0.5cm 주사위 모양 썰기 → 돼지고기 핏물 제거 후 다지기
③ 팬에 식용유 3T 넣고 데우기 → 불끄고 고춧가루 1T 넣고 우리기 → 고운체에 걸러 고추기름 만들기
  * 물녹말 : 물2 T, 녹말가루 1T
④ 팬에 고추기름 → 대파, 마늘, 생강, 홍고추 → 돼지고기 볶기 → 간장, 두반장 → 물 1/2C, 설탕 1t, 후추 → 끓이기 → 두부 넣고 부서지지 않게 가볍게 젓기 → 물녹말 → 불 끄고 참기름 → 완성접시 담기

07 빠스옥수수

시험시간 25분

① 옥수수 체에 밭쳐 물기 빼기
② 땅콩은 껍질을 벗겨 곱게 다지기
③ 옥수수 다지기 → 다진 땅콩, 노른자 1/2T, 밀가루 2~3T 넣고 섞어 반죽 만들기
④ 계량스푼으로 완자 직경 3cm, 6개 만들기 → 노릇하게(황금색) 튀겨 건지기
⑤ 달군 팬에 식용유 1/2T, 설탕 3T 넣고 주걱으로 으깨듯이 섞어 연한 갈색으로 녹이기 → 튀긴 옥수수 넣고 버무리기 → 찬물 1t 넣기 → 접시에 식용유를 얇게 발라 달라붙지 않게 펼쳐 식히기
⑥ 하나씩 떼서 완성접시에 담기

08 빠스고구마

시험시간 25분

① 튀김팬에 식용유 가열
② 고구마 껍질, 섬유질 제거 → 길게 4등분 → 양끝 길이 4cm의 다각형으로 돌려가며 썰기
③ 튀김기름에 넣고 저어가며 바닥이 타지 않게 노릇하게 (황금색) 튀기기
④ 달군 팬에 식용유 1T, 설탕 4T 주걱으로 으깨듯이 섞어 연한 갈색으로 녹이기 → 튀긴 고구마 넣고 버무리기 → 찬물 1t 넣기 → 접시에 식용유를 얇게 발라 달라붙지 않게 펼쳐 식히기
⑤ 하나씩 떼서 완성접시에 담기

09 새우케첩볶음

시험시간 25분

① 새우 등으로 내장 제거 → 소금으로 씻기 → 청주에 섞어두기
② 양파, 당근, 대파 1cm×1cm×0.2cm 썰기 → 생강 편 썰기 → 완두콩 씻어 건지기
③ 새우, 달걀 물, 앙금녹말 반죽 → 140℃에 1차 튀기기 → 170℃에 2차 바삭하게 튀기기
④ 팬을 달궈 기름 → 대파, 생강 → 당근, 양파 → 완두콩 → 케첩 3T 볶기 → 물 1/2컵, 간장 1t → 설탕 1T 끓으면 물녹말 → 튀긴 새우 섞고 넣기
⑤ 완성접시 담기

10 채소볶음

시험시간 25분

① 냄비에 물 끓이기
② 셀러리 섬유질 제거 → 피망 씨 제거 후 청경채, 당근, 죽순(석회질 제거), 표고버섯 4cm×1.5cm 썰기 → 양송이 편 썰기 → 데치기 → 찬물에 헹구기
③ 마늘, 생강 편 썰기, 대파 4cm 편 썰기
  * 물녹말 : 물 2T, 녹말가루 1T
④ 달군 팬에 기름 → 마늘, 생강, 대파 → 간장 약간, 청주 → 당근, 죽순, 표고버섯, 양송이 → 피망, 청경채 → 물 1/4C, 소금, 흰 후추 → 물 녹말 → 참기름 → 완성접시 담기

11 경장육사

시험시간 30분

① 대파 속심 제거 후 5cm 정도 길이로 어슷썰기 → 찬물
② 냄비에 물 끓이기 → 죽순(석회질 제거) 5cm 길이로 채 썰기 → 끓는 물에 데치기 → 남은 대파, 마늘, 생강 다지기
③ 돼지고기 5cm 채 썰기 → 간장, 청주, 흰자, 녹말가루 버무리기 → 기름에 데치기
④ 팬에 식용유 → 춘장 볶기 → 체에 밭치기
  * 물녹말 : 물 2T, 녹말가루 1T
⑤ 대파채 건져 물기 제거 후 완성접시에 둥지모양으로 담기
⑥ 달군 팬에 기름 → 대파, 마늘, 생강 볶기 → 간장, 청주 → 죽순채, 고기채 → 볶은 춘장, 굴소스 1/2T, 설탕 1/2T, 물 3T → 물녹말 → 불 끄고 참기름
⑦ 완성접시에 담아둔 파채 중앙에 소복이 올리기

12 깐풍기

시험시간 30분

① 물, 녹말 1 : 1로 앙금녹말 만들기
② 홍고추(씨 제거), 대파, 청피망 → 사방 0.5cm 주사위 모양 썰기 → 마늘, 생강 다지기
③ 닭다리를 뼈, 기름 덩어리 발라내기 → 사방 3cm 썰기 → 소금, 청주, 후추 밑간 → 달걀 물, 앙금녹말 입히기 → 동그랗게 1, 2차 튀기기
  * 깐풍 소스 : 물 2T, 간장 1T, 설탕 1t, 청주 1t, 식초 1T, 후추
④ 달군 팬에 식용유 → 마늘, 생강, 대파 → 청주, 간장 → 홍고추, 청피망 → 소스 끓이기 → 튀긴 닭을 넣고 버무리기 → 참기름 → 완성접시 담기

13 라조기

시험시간 30분

① 냄비 물 끓이기 → 죽순(석회질 제거), 표고버섯, 양송이, 청경채 5cm×2cm 편 썰기 → 데쳐서 찬물에 헹구기
② 대파, 씨를 제거한 건고추, 5cm×2cm 편 썰기, 마늘, 생강 편 썰기 → 녹말 1T, 물 2T 물녹말 만들기
③ 닭 뼈 발라내서 손질 후 5cm×1cm로 썰기 → 소금, 청주, 달걀 물, 물녹말 입히기
④ 튀김팬에 식용유 가열 → 튀김옷을 입힌 닭을 1, 2차 튀기기
⑤ 팬에 고추기름 → 건고추, 마늘, 생강, 대파 볶기 → 간장, 청주 → 표고버섯, 죽순, 양송이, 피망, 청경채 볶기 → 물 1C 끓이기 → 튀긴 닭 넣고 끓이기, 소금, 후추 → 물녹말 → 남은 고추기름과 버무리기 → 완성접시 담기

14 새우볶음밥

시험시간 30분

① 새우 등쪽으로 내장 제거 → 끓는 물에 소금 넣고 데치기
② 불린 쌀은 체에 건져 동량의 물을 넣고 고슬고슬하게 밥 지어 식히기
③ 당근, 피망, 대파는 0.5cm 주사위 모양으로 썰기
④ 달군 팬에 식용유를 두르고 풀어둔 달걀 저어가며 부드럽게 익히기 → 빼놓기
⑤ 달군 팬에 식용유 두르고 밥 노릇하게 볶기 → 채소, 새우 볶기 → 소금, 흰 후추, 달걀 섞기 → 밥이 노릇하게 되면 완성접시에 소복이 담기

15 유니짜장면

시험시간 30분

① 물 끓이기 → 양파, 호박은 사방 0.5cm 썰기, 생강 곱게 다지기
② 오이는 5cm 채 썰기 → 핏물을 제거한 돼지고기 다지기 → 키친타올 받쳐두기
  * 물녹말 : 물 2T, 녹말가루 1T
③ 팬에 기름 4T, 춘장을 볶기 → 체에 밭쳐 두기
④ 달군 팬에 기름 둘러 양파 약간, 생강 → 돼지고기 → 간장, 청주 → 양파, 호박 볶기 → 춘장 → 물 1C, 설탕 1t 넣고 끓이기 → 물녹말 → 불 끄고 참기름
⑤ 끓는 물에 면을 삶아 찬물에 헹구기 → 한번 데치기 → 완성그릇에 담기
⑥ 만들어둔 짜장소스 얹고 오이채 올리기

16 울면

① 물 끓여 목이버섯 불리기 → 당근, 배춧잎, 양파, 대파 6cm 정도로 채 썰기 → 부추 6cm, 마늘 다지기 → 불린 목이버섯 뜯기
② 새우 내장 제거, 오징어 6cm 썰기(말리지 않게)
③ 달걀 풀어 체에 내리기
　* 물녹말 : 물 2T, 녹말가루 1T
④ 냄비에 물 2.5C 끓이기 → 마늘, 대파 → 간장, 청주 → 당근, 양파, 배추, 목이버섯 끓이기 → 오징어, 새우 넣기 → 달걀 줄알 치기 → 흰 후춧가루 → 부추, 참기름
⑤ 중화면 삶기 → 찬물에 헹구기 → 데치기 → 완성그릇
⑥ 면 위에 만들어둔 ④ 붓기

17 탕수생선살

① 앙금녹말 : 물 5T, 녹말가루 5T 만들어두기
② 목이버섯 따뜻한 물에 불려 뜯기
③ 당근, 오이 편 썰기 → 파인애플 6~8 등분 → 완두콩 헹구기
　* 탕수소스 : 물 1C+설탕 4T+식초 2.5T+간장 1T
　* 물녹말 : 물 2T, 녹말가루 1T
④ 생선살 물기 제거 → 4cm×1cm×1cm 썰기 → 흰자, 앙금녹말 섞기 → 1, 2차 튀기기 → 완성접시에 담기
⑤ 달군 팬에 기름 → 당근, 목이버섯, 파인애플, 완두콩 순으로 → 소스 → 끓으면 물녹말 → 오이 → 튀긴 생선살에 소스 끼얹기

18 탕수육

① 물 끓이기 → 앙금녹말 : 녹말가루 5T, 물 5T 만들어두기
② 따뜻한 물에 목이버섯 불리기 → 오이, 당근, 대파 2.5cm×1.5cm 정도 편 썰기 → 목이 버섯 뜯기, 완두콩 씻기
③ 돼지고기 4cm×1cm×1cm 썰기 → 간장, 청주 재워두기
　* 탕수소스 : 간장 1T, 설탕 4T, 식초 2.5T
　* 물녹말 : 물 2T, 녹말가루 1T
④ 튀김기름 올리기 → 고기에 달걀 물, 앙금녹말 입히기 → 1, 2차 튀기기 → 완성접시에 담기
⑤ 달군 팬에 기름 → 대파 → 물1C → 양파, 당근, 완두콩 → 끓으면 탕수소스 → 오이 → 물녹말 → 튀긴 돼지고기 위에 소스 끼얹기

19 홍쇼두부

① 두부 5cm×5cm×1cm 삼각형으로 썰어 물기 제거
② 죽순(석회질 제거), 청경채 → 4cm×1.5cm 썰기 → 양송이 편 썰기 → 죽순, 청경채, 양송이 데치기 → 마늘, 생강 편 썰기 → 홍고추(씨 제거), 표고, 대파(심 제거) 4cm×1.5cm 썰기
　* 물녹말 : 물 2T, 녹말가루 1T
③ 두부 노릇하게(황금색) 튀기기 → 돼지고기 3cm×3cm 정도 크기로 얇게 편 썰기 → 간장, 청주, 흰자, 녹말가루 → 식용유에 데쳐 체에 밭쳐두기
④ 달군 팬에 식용유 → 마늘, 생강, 대파 볶기 → 간장 1T, 청주 → 표고버섯, 죽순, 홍고추, 양송이, 청경채 → 물 1/2컵 넣어 끓이기 → 튀긴 두부, 익힌 고기 → 물녹말 → 불 끄고 참기름 → 완성접시 담기

20 양장피잡채

① 냄비에 물 끓이기
② 미지근한 물 1T+겨자 1T 발효시키기, 양장피, 목이버섯 불리기 → 목이버섯 뜯기
③ 통당근 데쳐 5cm 채 썰기, 오이 5cm 길이로 가늘게 채 썰어 완성접시에 겹치지 않게 담기
④ 오징어 껍질 벗겨 칼집내기, 새우 내장 제거, 해삼 5cm 채 썰기 → 해삼 데치기
⑤ 오징어 채 썰어 완성접시에 담기 → 해삼, 새우, 겹치지 않게 완성접시에 담기
⑥ 황·백 지단을 부쳐 5cm 채 썰기 → 겹치지 않게 완성접시에 담기
⑦ 양장피를 삶아 찬물에 헹궈 물기를 제거 → 4cm 찢기 → 참기름 버무리기 → 완성접시 중간에 담기
⑧ 양파, 돼지고기 5cm 채 썰기, 부추 5cm 썰기
⑨ 달군 팬에 기름 → 양파, 고기 → 간장 1t → 목이버섯 → 부추 → 소금, 참기름
⑩ 완성접시 중앙에 볶은 재료 담기
⑪ 겨자소스(발효겨자 1/2T, 설탕 1T, 식초 1T, 소금, 참기름) 만들기 → 완성접시의 채소 위에 소스 끼얹기

edukyungrok

Audio Video Physical e-Book

NCS
국가직무능력표준

• NCS에 관한 자세한 내용은 홈페이지(www.ncs.or.kr)를 참고하시기 바랍니다.

NCS 개념

- 국가직무능력표준(NCS, national competency standards)은 산업현장에서 직무를 수행하기 위해 요구되는 지식·기술·소양 등의 내용을 국가가 산업부문별·수준별로 체계화한 것으로, 국가적 차원에서 표준화한 것을 의미
- 직무는 NCS 분류표의 세분류를 의미하고, 원칙상 세분류 단위에서 NCS 개발
- 능력단위는 NCS 분류표상 세분류의 하위단위로서 NCS의 기본 구성요소에 해당

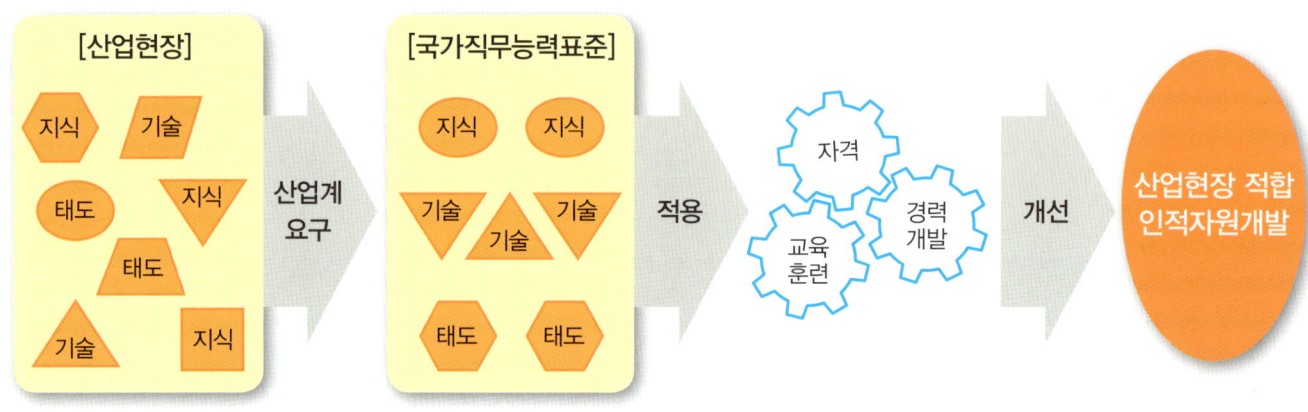

국가직무능력표준 구성

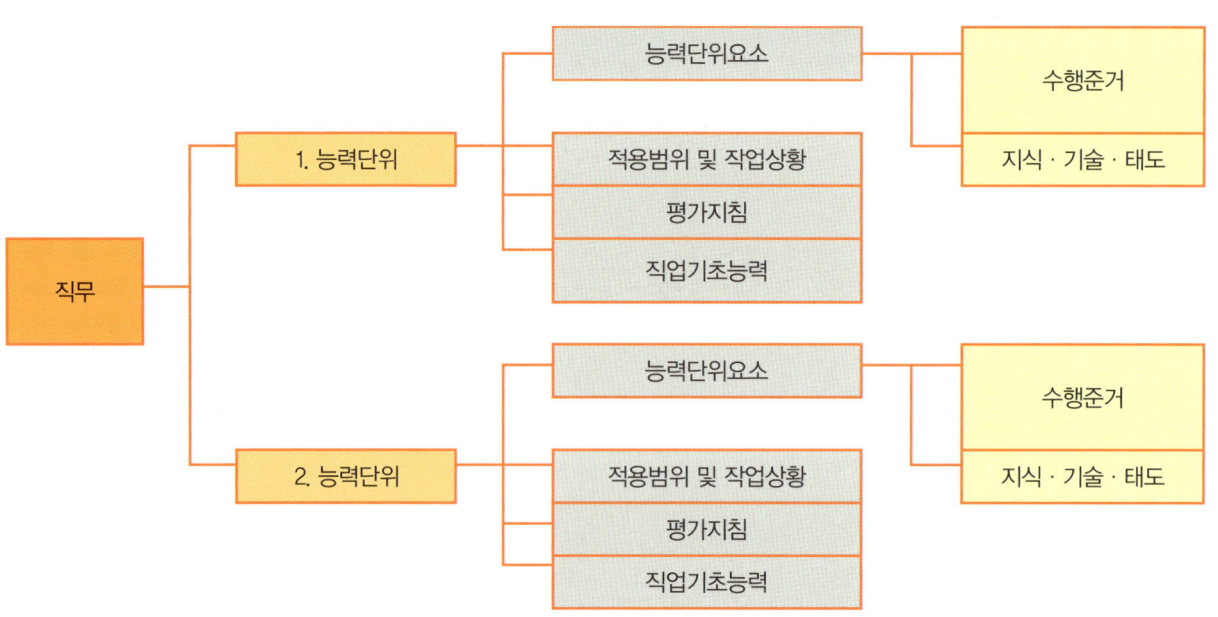

구성항목	내용
① 능력단위분류번호(competency unit code)	• 능력단위를 구분하기 위하여 부여되는 일련번호로서 12자리로 표현
② 능력단위명칭(competency unit title)	• 능력단위의 명칭을 기입한 것
③ 능력단위정의(competency unit description)	• 능력단위의 목적, 업무수행 및 활용범위를 개략적으로 기술
④ 능력단위요소(competency unit element)	• 능력단위를 구성하는 중요한 핵심 하위능력을 기술
⑤ 수행준거(performance criteria)	• 능력단위요소별로 성취여부를 판단하기 위하여 개인이 도달해야 하는 수행의 기준을 제시
⑥ 지식·기술·태도(KSA)	• 능력단위요소를 수행하는 데 필요한 지식·기술·태도
⑦ 적용범위 및 작업상황(range of variable)	• 능력단위를 수행하는데 있어 관련되는 범위와 물리적 혹은 환경적 조건 • 능력단위를 수행하는 데 있어 관련되는 자료, 서류, 장비, 도구, 재료
⑧ 평가지침(guide of assessment)	• 능력단위의 성취여부를 평가하는 방법과 평가 시 고려되어야 할 사항
⑨ 직업기초능력(key competency)	• 능력단위별로 업무 수행을 위해 기본적으로 갖추어야 할 직업능력
⑩ 개발이력(Improvement History)	• 해당 능력단위의 최초 개발부터 능력단위가 변경된 이력관리

수준	내용
8수준	【정의】해당 분야에 대한 최고도의 이론 및 지식을 활용하여 새로운 이론을 창조할 수 있고, 최고도의 숙련으로 광범위한 기술적 작업을 수행할 수 있으며 조직 및 업무 전반에 대한 권한과 책임이 부여된 수준 【지식기술】해당 분야에 대한 최고도의 이론 및 지식을 활용하여 새로운 이론을 창조할 수 있는 수준 【역량】조직 및 업무 전반에 대한 권한과 책임이 부여된 수준 【경력】7수준에서 2~4년 정도의 계속 업무 후 도달 가능한 수준
7수준	【정의】해당 분야의 전문화된 이론 및 지식을 활용하여, 고도의 숙련으로 광범위한 작업을 수행할 수 있으며 타인의 결과에 대하여 의무와 책임이 필요한 수준 【지식기술】• 해당 분야의 전문화된 이론 및 지식을 활용할 수 있으며, 근접분야의 이론 및 지식을 사용할 수 있는 수준 • 고도의 숙련으로 광범위한 작업을 수행하는 수준 【역량】타인의 결과에 대하여 의무와 책임이 필요한 수준 【경력】6수준에서 2~4년 정도의 계속 업무 후 도달 가능한 수준
6수준	【정의】독립적인 권한 내에서 해당 분야의 이론 및 지식을 자유롭게 활용하고, 일반적인 숙련으로 다양한 과업을 수행하고, 타인에게 해당 분야의 지식 및 노하우를 전달할 수 있는 【지식기술】• 해당 분야의 이론 및 지식을 자유롭게 활용할 수 있는 수준 • 일반적인 숙련으로 다양한 과업을 수행할 수 있는 수준 【역량】• 타인에게 해당 분야의 지식 및 노하우를 전달할 수 있는 수준 • 독립적인 권한 내에서 과업을 수행할 수 있는 수준 【경력】5수준에서 1~3년 정도의 계속 업무 후 도달 가능한 수준

수준	내 용
5수준	【정의】 포괄적인 권한 내에서 해당 분야의 이론 및 지식을 사용하여 매우 복잡하고 비일상적인 과업을 수행하고, 타인에게 해당 분야의 지식을 전달할 수 있는 수준
	【지식기술】 • 해당 분야의 이론 및 지식을 사용할 수 있는 수준 • 매우 복잡하고 비일상적인 과업을 수행할 수 있는 수준
	【역량】 • 타인에게 해당 분야의 지식을 전달할 수 있는 수준 • 포괄적인 권한 내에서 과업을 수행할 수 있는 수준
	【경력】 4수준에서 1~3년 정도의 계속 업무 후 도달 가능한 수준
4수준	【정의】 일반적인 권한 내에서 해당 분야의 이론 및 지식을 제한적으로 사용하여 복잡하고 다양한 과업을 수행하는 수준
	【지식기술】 • 해당 분야의 이론 및 지식을 제한적으로 사용할 수 있는 수준 • 복잡하고 다양한 과업을 수행할 수 있는 수준
	【역량】 일반적인 권한 내에서 과업을 수행할 수 있는 수준
	【경력】 3수준에서 1~4년 정도의 계속 업무 후 도달 가능한 수준
3수준	【정의】 제한된 권한 내에서 해당 분야의 기초이론 및 일반지식을 사용하여 다소 복잡한 과업을 수행하는 수준
	【지식기술】 • 해당 분야의 기초이론 및 일반지식을 사용할 수 있는 수준 • 다소 복잡한 과업을 수행하는 수준
	【역량】 제한된 권한 내에서 과업을 수행하는 수준
	【경력】 2수준에서 1~3년 정도의 계속 업무 후 도달 가능한 수준
2수준	【정의】 일반적인 지시 및 감독 하에 해당 분야의 일반 지식을 사용하여 절차화되고 일상적인 과업을 수행하는 수준
	【지식기술】 • 해당 분야의 일반 지식을 사용할 수 있는 수준 • 절차화되고 일상적인 과업을 수행하는 수준
	【역량】 일반적인 지시 및 감독 하에 과업을 수행하는 수준
	【경력】 1수준에서 6~12개월 정도의 계속 업무 후 도달 가능한 수준
1수준	【정의】 구체적인 지시 및 철저한 감독 하에 문자이해, 계산능력 등 기초적인 일반지식을 사용하여 단순하고 반복적인 과업을 수행하는 수준
	【지식기술】 • 문자이해, 계산능력 등 기초적인 일반 지식을 사용할 수 있는 수준 • 단순하고 반복적인 과업을 수행하는 수준
	【역량】 구체적인 지시 및 철저한 감독 하에 과업을 수행하는 수준

대분류	중분류	소분류	세분류
13. 음식서비스	1. 식음료 조리 · 서비스	1. 음식조리	01. 한식조리
			02. 양식조리
			03. 중식조리
			04. 일식 복어조리

1. 직무 개요

1) 직무 정의

> 중식조리는 중국음식을 제공하기 위하여 메뉴를 계획하고, 식재료를 구매, 관리, 손질하여 정해진 조리법에 의해 조리하며 식품위생과 조리기구, 조리 시설을 관리하는 일이다.

2) 능력단위

순번	능력단위	페이지	순번	능력단위	페이지
1	중식 기초조리실무		8	중식 튀김조리	
2	중식 절임·무침조리		9	중식 찜조리	
3	중식 육수·소스조리		10	중식 조림조리	
4	중식 냉채조리		11	중식 구이조리	
5	중식 딤섬조리		12	중식 면조리	
6	중식 수프·탕조리		13	중식 밥조리	
7	중식 볶음조리		14	중식 후식조리	

3) 능력단위별 능력단위요소

능력단위	수준	능력단위요소
중식 기초조리실무	2	기본 칼 기술 습득하기
		기본 기능 습득하기
		기본 조리법 습득하기
중식 절임·무침조리	2	절임·무침 준비하기
		절임류 만들기
		무침류 만들기
		절임 보관·무침 완성하기
중식 육수·소스조리	2	육수·소스 준비하기
		육수·소스 만들기
		육수·소스 완성·보관하기
중식 냉채조리	4	냉채 준비하기
		기초 장식 만들기
		냉채 조리하기
		냉채 완성하기
중식 딤섬조리	4	딤섬 준비하기
		딤섬 빚기
		딤섬 익히기
		딤섬 완성하기

중식 수프·탕조리	4	수프·탕 준비하기
		수프·탕 조리하기
		수프·탕 완성하기
중식 볶음조리	4	볶음 준비하기
		볶음 조리하기
		볶음 완성하기
중식 튀김조리	2	튀김 준비하기
		튀김 조리하기
		튀김 완성하기
중식 찜조리	4	찜 준비하기
		찜 조리하기
		찜 완성하기
중식 조림조리	2	조림 준비하기
		조림 조리하기
		조림 완성하기
중식 구이조리	4	구이 준비하기
		구이 조리하기
		구이 완성하기
중식 면조리	3	면 준비하기
		반죽하여 면 뽑기
		면 삶아 담기
		요리별 조리하여 완성하기
중식 밥조리	2	밥 준비하기
		밥 짓기
		요리별 조리하여 완성하기
중식 후식조리	4	후식 준비하기
		더운 후식류 만들기
		찬 후식류 만들기
		후식류 완성하기

2. 능력단위별 세부내용

능력단위 명칭 :	중식 기초조리실무
능력단위 정의 :	중식 조리실무란 중식 기초조리 작업수행에 필요한 조리기능 익히기를 활용하는 능력이다.

능력단위요소	수행준거
1301010320_16v3.1 기본 칼 기술 습득하기	1.1 칼의 종류와 사용용도를 이해할 수 있다. 1.2 칼을 숫돌을 이용해 칼날을 세울 수 있다. 1.3 칼을 정확하게 쥐고서 다양한 식자재를 썰 수 있다. 1.4 요리와 조리법에 따라 재료의 크기, 두께, 굵기를 일정하게 썰 수 있다. 1.5 중식 조리작업에 사용한 칼을 일정한 장소에 정리 정돈할 수 있다. 【지식】 • 칼의 종류와 사용용도 • 조리방법과 썰기방법 • 칼 보관방법 • 칼을 숫돌을 이용해 연마하는 방법 • 다양한 모양의 썰기 용어 【기술】 • 칼을 숫돌을 이용해 연마하는 기술 • 칼의 활용, 관리, 보관능력 • 칼을 사용하여 다양한 크기, 두께, 굵기, 모양으로 써는 능력 • 다양한 종류의 칼을 사용할 수 있는 능력 【태도】 • 관찰태도 • 문제해결태도 • 안전사항준수 • 위생관리 • 메모하는 태도 • 반복훈련 • 안전한 용모와 복장 • 의사소통태도
1301010320_16v3.2 기본 기능 습득하기	2.1 조리기물의 종류 및 용도에 대하여 이해하고 습득할 수 있다. 2.2 조리에 필요한 조리도구를 사용하고 종류별 특성에 맞게 적용할 수 있다. 2.3 계량법을 이해하고 활용할 수 있다. 2.4 채소에 대하여 전처리 방법(Trimming Food Materials)을 이해하고 처리할 수 있다. 2.5 어패류에 대하여 전처리 방법(Trimming Food Materials)을 이해하고 처리할 수 있다. 2.6 육류에 대하여 전처리 방법(Trimming Food Materials)을 이해하고 처리할 수 있다. 2.7 중식조리의 요리별 육수 및 소스를 용도에 맞게 만들 수 있다. 2.8 중식 조리작업에 사용한 조리도구와 주방을 정리 정돈할 수 있다. 【지식】 • 계량법 • 도구사용법 • 조리방법과 썰기방법 • 조리원리 • 기본 스톡, 소스 종류 • 조리기물의 종류와 명칭, 특징, 용도 • 식재료 관리 【기술】 • 조리기물마다 필요한 조리능력 • 조리방법과 재료손질 능력 • 채소 전처리능력 • 육류 전처리능력 • 적합한 주방도구 활용, 관리, 보관능력 • 계량 능력 • 어패류 전처리능력

	【태도】	
	• 관찰태도 • 문제해결태도 • 안전사항준수 • 위생관리	• 메모하는 태도 • 반복훈련 • 안전한 용모와 복장 • 의사소통태도
1301010320_16v3.3 기본 조리법 습득하기	3.1 중국요리의 기본 조리방법의 종류와 조리원리를 이해할 수 있다. 3.2 식재료 종류에 맞는 건열조리(Dry Heat Cooking)를 할 수 있다. 3.3 식재료 종류에 맞는 습열조리(Moist Heat Cooking)를 할 수 있다. 3.4 식재료 종류에 맞는 복합조리(Combination Heat Cooking)를 할 수 있다. 3.5 식재료 종류에 맞는 비가열조리(No Heat Cooking)를 할 수 있다.	
	【지식】 • 기본 조리방법의 종류와 조리방법 • 습열조리(Moist Heat Cooking) • 비가열조리(No Heat Cooking) • 조리원리	• 건열조리(Dry Heat Cooking) • 복합조리(Combination Heat Cooking) • 조리기구의 종류와 명칭, 특징, 용도 • 향신료에 대한 이해
	【기술】 • 레시피에 의한 조리능력 • 조리방법에 따른 장비활용능력 • 주방정리 및 청소능력 • 향신료 사용기술	• 적합한 주방도구 활용, 관리, 보관능력 • 주방장비 청소 및 보관능력 • 맛을 내는 능력
	【태도】 • 관찰태도 • 문제해결태도 • 안전사항준수 • 안전한 용모와 복장 • 의사소통태도	• 메모하는 태도 • 반복훈련 • 위생관리기준 준수 • 위생적 조리태도

고려사항

- 중식 기초조리실무 능력단위는 다음 범위가 포함된다.
  - 중식음식문화의 특징과 종류를 알 수 있는 능력
- 중식 기초기능은 기본적인 식재료 썰기 능력과 중식조리용어 익히기이다.
- 중식 기초기능 썰기 익히기
  - (片) 피엔 piàn / 편 : 편 썰기
  - (條) 티어우 tiáo / 조 : 채 썰기
  - (絲) 쓸 sī / 사 : 가늘게 채 썰기
  - (丁) 띵 dīng / 정 : 깍둑썰기
  - (粒) 리 lì / 입 또는 (未) 웨이 wèi / 미 : 쌀알 크기 정도로 썰기
  - (滾刀塊) dāo kuài / 곤돈괴 : 재료를 돌리면서 도톰하게 썰기
  - (泥) 니 ní / 니 : 으깨서 잘게 다지기
- 중식 기초기능 조리용어 익히기
- 볶음 조리법
  - 초(炒 chao 차오) : 볶다라는 뜻으로, 알맞은 크기와 모양으로 만든 재료를 기름을 조금 넣고 센불이나 중간불에서 짧은 시간에 뒤섞으며 익히는 조리법
  - 폭(爆 bao 빠오) : 정육면체로 썰거나 칼집을 낸 재료를 뜨거운 물이나 탕 기름 등으로 먼저 열처리한 뒤 센불에서 재빨리 볶아내는 조리법
  - 류(熘 liu 리우) : 조미료에 잰 재료를 녹말이나 밀가루 튀김옷을 입혀 기름에 튀기거나 삶거나 찐 뒤, 다시 여러가지

조미료로 걸쭉한 소스를 만들어 재료 위에 – 끼얹거나 또는 조리한 재료를 소스에 버무려 묻혀내는 조리법
- 튀김조리법
  - 작(炸 zha 짜) : 작(炸)은 넉넉한 기름에 밑 손질한 재료를 넣어 튀기는 조리법
  - 전(煎 jian 지엔) : 전은 뜨겁게 달군 팬에 기름을 조금 두르고 밑 손질을 한 재료를 펼쳐 놓아 중간 불이나 약한 불에서 한 면 또는 양면을 지져서 익히는 조리법
- 찜조리법
  - 증(蒸 zheng 쩽) : 증은 재료를 증기로 쪄서 익히는 조리방법이다. 청증, 분증, 포증이 있다. 청증은 조미료에 재워 맛을 배게한 재료를 그릇에 담아 수증기로 익히는 방법
- 조림조리법
  - 팽(烹 peng 펑) : 팽은 적당한 모양으로 썬 주재료를 밑간하여 튀기거나 지지거나 볶아 낸 뒤, 다시 부재료, 조미료와 함께 센 불에서 뒤섞으며 탕즙을 졸이는 조리법
  - 소(燒 shao 샤오) : 소는 조림을 말한다. 튀기거나 볶거나 지지거나 쪄서 미리 가열 처리한 재료에 조미료와 육수 또는 물을 넣고 우선 센 불에서 끓여 맛과 색을 정한 다음, 다시 약한 불에서 푹 삶아 익히는 조리법
  - 배(扒 ba 바) : 배의 기본은 소와 같지만 조리 시간이 더 길다. 완성된 요리는 부드럽고 녹말을 풀어 넣어 맛이 매끄럽다. 요리의 모양새를 흐트러뜨리지 않는 것이 관건이다. 탕즙이 비교적 많이 남는다. 산동(山東)요리(북경요리)에 가장 많이 쓰이는 조리법
  - 민(燜 men 먼) : 민은 푹 고는 것이다. 약한 불에서 뚜껑을 덮고 오래 끓이는 조리법으로 소와 비슷
  - 외(煨 wei 웨이) : 외는 조금 질긴 재료를 큼직하게 잘라 물에 살짝 데친 다음 탕을 넉넉히 붓고 센 불에서 끓이다가 약한 불에서 오랫동안 은근히 삶아 탕즙을 조리는 조리법으로 완성된 요리에는 탕즙이 비교적 많다.
  - 돈(炖 dun 뚠) : 탕을 넉넉히 붓고 재료를 넣어 오래 가열하는 방법으로 가열방식과 열처리 방법에 따라 청돈(淸炖), 과돈(侉炖), 격수돈(隔水炖)으로 나뉨. 청돈은 재료를 끓는 물에 살짝 데친 뒤 물에 넣고 가열격수돈은 끓는 물에 데친 재료를 그릇에 담고 탕즙을 적당히 넣은 뒤 뚜껑을 꼭 닫고 직접 불 위에서 끓이거나, 큰 팬에 물을 넣고 끓여 증기로 익힘. 과돈은 재료에 녹말가루나 밀가루를 묻히고 다시 계란을 입혀 지져서 모양을 만든 다음 물을 넣고 끓이는 방법
  - 자(煮 zhu 쮸) : 자는 삶는 것이다. 신선한 동물성 재료를 작게 썰어서 넉넉한 탕에 넣고 센 불에서 끓이다가 약한 불로 바꾸어 익히는 조리법
- 구이조리법
  - 고(烤 kao 카오) : 건조한 뜨거운 공기와 복사열로 재료를 직접 익히는 조리법으로 고는 조미된 재료를 직접 굽거나 오븐에서 굽는 것이며, 원적외선 오븐은 복사열을 이용한 것임
- 중식 조리도(切刀, 절도, qiedāo 치에 따오) 용어의 이해
  - 채도 (菜刀 càidāo 차이 따오) : 채소썰기 칼
  - 참도 (斬刀 zhandāo 짠 따오) : 뼈자르는 칼
  - 조각도(雕刻刀 diāokèdāo 띠아오 커 따오) : 조각 칼
  - 딤섬도(點心刀 diansindāo 디엔 신 따오) : 딤섬 종류 소 넣을 때 사용하는 칼
  - 면도(面刀 miandāo 미엔 따오) : 밀가루 반죽 자르는 칼

능력단위 명칭 :	중식 절임·무침조리
능력단위 정의 :	중식 절임·무침 조리는 적합한 식재료를 절이거나 무쳐서 요리에 곁들이는 음식을 조리할 수 있는 능력이다.

능력단위요소	수 행 준 거
1301010302_16v3.1 절임·무침 준비하기	1.1 곁들임 요리에 필요한 절임 양과 종류를 선택할 수 있다. 1.2 곁들임 요리에 필요한 무침의 양과 종류를 선택할 수 있다. 1.3 표준 조리법에 따라 재료를 전처리하여 사용할 수 있다. 【지식】 • 곁들임 메뉴구성　　　　　　• 절임 식재료 선별 • 조리도구의 선택　　　　　　• 무침 식재료 선별

1301010302_16v3.1 절임·무침 준비하기	【기술】 • 무침 양념의 선택능력　　　　　• 소요량 예측능력 • 식재료 전처리능력　　　　　　• 재료의 양에 따른 양념 조절능력 • 절임 양념의 선택능력
	【태도】 • 반복훈련　　　　　　　　　　• 안전사항준수 • 위생사항준수　　　　　　　　• 인내력 • 정확성　　　　　　　　　　　• 조리기기상태 관찰 • 준비상태 확인
1301010302_16v3.2 절임류 만들기	2.1 재료의 특성에 따라 절임을 할 수 있다. 2.2 절임 표준조리법에 준하여 산도, 염도 및 당도를 조절할 수 있다. 2.3 절임의 용도에 따라 절임 기간을 조절할 수 있다.
	【지식】 • 계절별 절임의 종류　　　　　• 절임 요리의 특성 • 산도, 염도 및 당도 관련 지식
	【기술】 • 양념류 절임법 적용능력　　　• 염도, 당도에 따른 절임 소요시간측정 능력 • 재료별 절임방법 선택 기술 능력 • 절임식품의 배합 비율 조절 능력
	【태도】 • 반복훈련　　　　　　　　　　• 안전사항준수 • 위생사항준수　　　　　　　　• 인내력 • 정확성　　　　　　　　　　　• 조리기기상태 관찰 • 준비상태 확인
1301010302_16v3.3 무침류 만들기	3.1 메뉴 구성을 고려하여 무침류 재료를 선택할 수 있다. 3.2 무침 용도에 적합하게 재료를 썰 수 있다. 3.3 무침 재료의 종류에 따라 양념하여 무칠 수 있다.
	【지식】 • 무침 메뉴 구성　　　　　　　• 무침 식재료 선별 • 무침의 특성
	【기술】 • 무침 메뉴의 썰기능력　　　　• 식재료별 무침능력 • 식재료별 양념 선택능력
	【태도】 • 반복훈련　　　　　　　　　　• 안전사항준수 • 위생사항준수　　　　　　　　• 인내력 • 정확성　　　　　　　　　　　• 조리기기상태 관찰 • 준비상태 확인
1301010302_16v3.4 절임 보관·무침 완성하기	4.1 절임류를 위생적으로 안전하게 보관할 수 있다. 4.2 무침류를 위생적으로 안전하게 보관할 수 있다. 4.3 절임이나 무침을 담을 접시를 선택할 수 있다.
	【지식】 • 절임·무침 보관관리　　　　　• 절임·무침의 향신료 배합 • 절임류의 보관 중 물리적 변화의 특성　• 주 메뉴에 어울리는 절임·무침 선택

【기술】	
• 무침류 보관능력	• 절임류 보관능력
• 절임이나 무침을 담는 능력	
【태도】	
• 반복훈련	• 안전사항준수
• 위생사항준수	• 인내력
• 정확성	• 조리기기상태 관찰
• 준비상태 확인	

고려사항

- 중식 절임·무침조리 능력단위는 다음 범위가 포함된다.
  - 절임류 : 양배추 절임, 무절임, 피망 절임, 양파 절임, 적채 절임, 배추절임
  - 무침류 : 짜사이 무침, 땅콩 무침, 목이버섯 무침, 건두부 무침, 감자채 무침, 오이무침
- 조리용어
  - 절임·무침조리 재료의 산지, 특산품, 메뉴구성은 계절에 따라 다르기 때문에 계절에 맞는지 고려해야 한다.
  - 절임이란 : 저장성이 강한 식재료에 소금, 설탕, 식초 등을 넣어 산소를 차단하여 무산소상태로 보존하는 조리법을 말한다.
  - 무침이란 : 염도, 산도, 당도가 높은 재료를 이용하여 저장성을 높인 절임류나 채소, 해초를 양념을 하여 무친 반찬이다.
  - 전처리란 : 건재료와 잡곡류를 물에 불리거나 삶기, 식재료를 다듬기, 씻기 등 조리하기 적합하게 처리한 것이다.

능력단위 명칭 : 중식 육수·소스조리

능력단위 정의 : 중식 육수·소스조리는 육류나 가금류·채소류를 이용하여 끓이거나 양념류와 향신료를 배합하여 조리할 수 있는 능력이다.

능력단위요소	수행준거
1301010303_16v3.1 육수·소스 준비하기	1.1 육수의 종류에 따라서 도구와 재료를 준비할 수 있다. 1.2 소스의 종류에 따라서 도구와 재료를 준비할 수 있다. 1.3 필요에 맞도록 양념류와 향신료를 준비할 수 있다. 1.4 가공 소스류를 특성에 맞게 준비할 수 있다.
	【지식】 • 소스 재료의 종류 및 성분의 특성 • 육수 재료의 종류 및 성분의 특성 • 조리도구 선택 • 향신료의 종류와 특성
	【기술】 • 소스 재료의 선별능력 • 육수 재료의 선별능력 • 향신료 선별능력
	【태도】 • 반복훈련 • 안전사항준수 • 위생사항준수 • 인내력 • 정확성 • 조리기기상태 관찰 • 준비상태 확인

1301010303_16v3.2 육수·소스 만들기	2.1 육수 재료를 손질할 수 있다. 2.2 육수와 소스의 종류와 양에 맞는 기물을 선택할 수 있다. 2.3 소스 재료를 손질하여 전처리할 수 있다. 2.4 육수 표준조리법에 따라서 끓이는 시간과 화력의 강약을 조절할 수 있다. 2.5 소스 표준조리법에 따라서 향, 맛, 농도, 색상의 정도를 조절할 수 있다. 【지식】 • 소스의 숙성과 발효　　　　　　　　• 육수·소스별 재료의 손질 • 육수의 관능검사　　　　　　　　　• 육수조리 원리 • 조리기구 및 기물 선택 【기술】 • 소스 배합 조절 능력　　　　　　　• 육수를 맑게 끓이는 능력 • 육수·소스별 재료손질 능력　　　　• 육수의 관능검사 능력 • 표준조리법에 맞춰 만드는 능력　　• 화력의 강약 조절능력 【태도】 • 반복훈련　　　　　　　　　　　　• 안전사항준수 • 위생사항준수　　　　　　　　　　• 인내력 • 정확성　　　　　　　　　　　　　• 조리기기상태 관찰 • 준비상태확인
1301010303_16v3.3 육수·소스 완성·보관하기	3.1 육수를 필요에 따라 사용할 수 있는 상태로 보관할 수 있다. 3.2 소스를 필요에 따라 사용할 수 있는 상태로 보관할 수 있다. 3.3 메뉴선택에 따라 육수와 소스를 다시 끓여 사용할 수 있다. 【지식】 • 소스 숙성과 발효의 특성　　　　　• 육수·소스 활용 • 육수의 냉장·냉동 보관 【기술】 • 소스 조리능력　　　　　　　　　　• 소스의 선도 조절 및 숙성과 발효능력 • 육수 활용능력　　　　　　　　　　• 저장 온도에 따른 육수관리능력 【태도】 • 반복훈련　　　　　　　　　　　　• 안전사항준수 • 위생사항준수　　　　　　　　　　• 인내력 • 정확성　　　　　　　　　　　　　• 조리기기상태 관찰 • 준비상태확인

고려사항

- 육수·소스조리 능력단위는 다음 범위가 포함된다.
    - 육수류 : 닭 육수, 돈 육수, 해물육수, 상탕
    - 소스류 : 마늘소스, 겨자소스, 탕수소스, 깐소스, 칠리소스, 짜장 소스, XO소스, 유림기소스, 전복소스, 어향소스 등이 있다.
- 조리용어
    - 닭 육수 : 닭 뼈, 닭발, 대파, 생강 등을 넣어 끓인 육수로 중식조리에 보편적으로 사용된다.
        예 게살스프, 팔보채, 팔진탕면 등
    - 돈 육수 : 돈 등뼈, 돈 잡뼈, 돈 사골을 배합하여 대파, 생강 등을 넣어 끓인 육수로 중식조리에 보편적으로 사용된다.
        예 훠궈(중국식 샤브샤브), 탄탄면(사천식 매운탕면) 등
    - 해물육수 : 갑각류, 조개류, 생선, 다시마 등과 무, 대파, 마늘 등을 넣어 끓인 육수로 해물류 중식조리에 주로 사용된다.

- 예) 생선완자탕, 삼선탕, 짬뽕 등
- 상탕 : 노계, 돼지방심, 중국햄, 돼지정강이뼈, 대파, 생강 등을 넣어 끓인 육수
  - 예) 샥스핀 스프, 불도장, 제비집요리
- 마늘소스 : 마늘, 식초, 설탕, 간장, 소금, 레몬, 물(육수) 등을 배합하여 만든 소스
  - 예) 해파리냉채, 오향장육, 닭고기냉채
- 겨자소스 : 발효한 겨자, 식초, 설탕, 간장, 소금, 물(육수), 참기름 등을 배합하여 만든 소스
  - 예) 오징어냉채, 양장피 잡채, 삼선냉채
- 탕수소스 : 식초, 설탕, 간장, 소금, 물, 레몬, 파, 생강, 노두유 등을 배합하여 끓인 후 전분을 이용하여 농도를 조절하여 만든 소스
  - 예) 탕수육, 생선살탕수, 탕수돼지갈비
- 깐풍 소스 : 간장, 설탕, 식초, 후추, 물, 건 홍고추, 레몬 등을 넣어 끓인 소스
  - 예) 깐풍기, 깐풍육, 깐풍 꽃게, 깐풍 새우
- 칠리소스 : 고추기름, 마늘, 생강, 파, 두반장, 토마토케첩, 식초, 설탕, 생강, 청주 등을 배합하여 볶은 후 물(육수)을 넣어 끓인 소스
  - 예) 칠리새우, 칠리소스돼지갈비
- 짜장 소스 : 볶은 춘장과 돼지고기, 각종채소류 등을 사용하여 만든 소스
  - 예) 짜장면, 짜장밥

• 전처리 방법에는 다음 범위가 포함된다.
  - 식재료 손질이란 가식부분과 비 가식 부분을 구분하는 것을 의미한다.
  - 뼈는 물에 담구어 핏물을 제거 후 삶아서 사용한다.
  - 중식에서 육수는 사용하지 않는 표현으로 현장에서는 육수 대신 탕이란 용어를 사용하나 혼란을 피하기 위하여 육수라 표현을 하였다.

능력단위 명칭 :	중식 냉채조리
능력단위 정의 :	중식 냉채조리는 전채요리로서 메뉴의 특성에 맞는 적합한 재료를 이용하여 냉채요리를 조리할 수 있는 능력이다.

능력단위요소	수 행 준 거
1301010304_16v3.1 냉채 준비하기	1.1 선택된 메뉴를 고려하여 냉채요리를 선정할 수 있다. 1.2 냉채조리의 특성과 성격을 고려하여 재료를 선정할 수 있다. 1.3 재료를 계절과 재료 수급 등 냉채요리 종류에 맞추어 손질할 수 있다. 【지식】 • 냉채 재료손질　　　　　　• 냉채요리의 이해 • 채소 종류와 특성 【기술】 • 냉채요리를 만들 수 있는 능력 • 냉채 재료를 손질하는 능력 • 냉채 소스를 선별하는 능력 【태도】 • 반복훈련　　　　　　　　• 안전사항준수 • 위생사항준수　　　　　　• 인내력 • 정확성　　　　　　　　　• 조리기기상태 관찰 • 준비상태확인

1301010304_16v3.2 기초 장식 만들기	2.1 요리에 따른 기초 장식을 선정할 수 있다. 2.2 재료의 특성을 고려하여 기초 장식을 만들 수 있다. 2.3 만들어진 기초 장식을 보관·관리할 수 있다.
	【지식】 • 기초장식 재료　　　　　　　　• 색 조합의 특성 • 조리도구 선택
	【기술】 • 기초장식 보관능력　　　　　　• 기초장식을 만드는 능력 • 조각도 사용능력
	【태도】 • 반복훈련　　　　　　　　　　• 안전사항준수 • 위생사항준수　　　　　　　　• 인내력 • 정확성　　　　　　　　　　　• 조리기기상태 관찰 • 준비상태확인
1301010304_16v3.3 냉채 조리하기	3.1 무침·데침·찌기·삶기·조림 등의 조리방법을 표준조리법에 따라 적용할 수 있다. 3.2 해산물, 육류 및 가금류 등 냉채의 일부로서 사용되는 재료를 표준조리법에 따라 준비하여 조리할 수 있다. 3.3 냉채 종류에 따른 적합한 소스를 선택하여 조리할 수 있다. 3.4 숙성 및 발효가 필요한 소스를 조리할 수 있다.
	【지식】 • 냉채조리의 특성과 종류　　　• 양념장(소스)재료의 종류 및 특성 • 조리도구선택
	【기술】 • 냉채 조리능력　　　　　　　　• 색 조합 조절능력 • 썰기 능력　　　　　　　　　　• 맛, 향, 조리방법의 선택능력 • 화력의 강약 조절능력
	【태도】 • 반복훈련　　　　　　　　　　• 안전사항준수 • 위생사항준수　　　　　　　　• 인내력 • 정확성　　　　　　　　　　　• 조리기기상태 관찰 • 준비상태 확인
1301010304_16v3.4 냉채 완성하기	4.1 전체 식단의 양과 구성을 고려하여 제공하는 양을 조절할 수 있다. 4.2 냉채요리의 모양새와 제공 방법을 고려하여 접시를 선택할 수 있다. 4.3 숙성시간과 온도, 선도를 고려하여 요리를 담아낼 수 있다. 4.4 냉채요리에 어울리는 기초장식을 사용할 수 있다.
	【지식】 • 냉채요리의 온도와 선도　　　• 식단을 고려한 양 조절 • 접시선택방법
	【기술】 • 주재료와 소스 조합능력　　　• 주재료와 부재료의 조합능력 • 제공방법을 고려한 접시구성 능력
	【태도】 • 반복훈련　　　　　　　　　　• 안전사항준수 • 위생사항준수　　　　　　　　• 인내력 • 정확성　　　　　　　　　　　• 조리기기상태 관찰 • 준비상태확인

고려사항

- 냉채조리 능력단위는 다음 범위가 포함된다.
  - 냉채(량차이)는 조리과정을 통하여 차갑게 내는 요리로 재료종류와 방법에 따라 구분된다.
  - 해물류 : 오징어냉채, 해파리냉채, 전복냉채, 관자냉채, 삼선냉채, 삼품냉채, 오품냉채, 왕새우냉채
  - 고기류 : 오향장육, 빵빵지(사천식 닭고기 냉채), 쇼끼(산동식 닭고기냉채)
  - 채소류·버섯류 : 봉황냉채
  - 냉채요리에 어울리는 기초 장식 만들기 : 오이 등을 이용하여 만들기

능력단위 명칭 :	중식 딤섬조리
능력단위 정의 :	중식 딤섬조리는 딤섬류의 종류에 따라 밀가루와 전분 반죽에 육류와 해산물·채소류를 이용한 소를 넣어 다양한 모양으로 만들어 조리할 수 있는 능력이다.

능력단위요소	수행준거
1301010305_16v3.1 딤섬 준비하기	1.1 딤섬의 특성을 고려하여 적합한 재료를 선정할 수 있다. 1.2 재료를 딤섬 종류에 맞추어 손질할 수 있다. 1.3 조리법에 따라 소 재료를 준비할 수 있다. 【지식】 • 딤섬의 종류　　　　　　　　• 반죽의 특성 • 소 재료의 특성　　　　　　• 재료 특성 【기술】 • 반죽 제조능력　　　　　　• 재료 손질능력 • 조리법에 따른 소 배합능력 【태도】 • 반복훈련　　　　　　　　• 안전사항준수 • 위생사항준수　　　　　　• 인내력 • 정확성　　　　　　　　　• 조리기기상태 관찰 • 준비상태확인
1301010305_16v3.2 딤섬 빚기	2.1 딤섬을 만들기 위한 반죽과 숙성을 할 수 있다. 2.2 딤섬조리법에 따라 소를 준비할 수 있다. 2.3 원하는 모양의 딤섬을 빚을 수 있다. 2.4 달라붙거나 갈라지는 것을 방지하여 조리 전의 모양을 유지할 수 있다. 【지식】 • 딤섬 반죽의 숙성　　　　• 딤섬 빚기 • 조리도구 선택 【기술】 • 다양한 모양 빚기 능력　　• 딤섬 반죽능력 • 메뉴에 따른 소 만들기 능력　• 형태유지능력 【태도】 • 반복훈련　　　　　　　　• 안전사항준수 • 위생사항준수　　　　　　• 인내력 • 정확성　　　　　　　　　• 조리기기상태 관찰 • 준비상태확인

1301010305_16v3.3 딤섬 익히기	3.1 딤섬의 모양과 크기에 따라 조리 시간과 익히는 방법을 선택할 수 있다. 3.2 표준조리법에 따라 화력과 가열시간 조절, 뜸들이기를 할 수 있다. 3.3 설익거나 풀어지지 않도록 조리법을 준수하여 삶거나 쪄낼 수 있다.
	【지식】 • 딤섬 익히기 　　　　　　　　　　• 조리도구 선택
	【기술】 • 익히기(찜, 삶음, 튀김) 능력 　　　• 조리도구 사용능력 • 표준 조리법에 따른 조리능력 　　• 화력의 강약 조절능력
	【태도】 • 반복훈련 　　　　　　　　　　　• 안전사항준수 • 위생사항준수 　　　　　　　　　• 인내력 • 정확성 　　　　　　　　　　　　• 조리기기상태 관찰 • 준비상태 확인
1301010305_16v3.4 딤섬 완성하기	4.1 딤섬의 모양과 종류에 따라 용기를 준비, 활용할 수 있다. 4.2 딤섬을 색깔, 맛과 온도를 유지하여 담을 수 있다. 4.3 딤섬에 어울리는 소스를 제공할 수 있다.
	【지식】 • 딤섬소스의 특성 　　　　　　　　• 딤섬종류에 따른 용기 선택 • 색깔, 맛, 온도의 적정성
	【기술】 • 담는 용기 선택능력 　　　　　　　• 딤섬소스 조리능력 • 모양, 색깔에 맞추어 담을 수 있는 능력 　• 온도 맞추어 담을 수 있는 능력
	【태도】 • 반복훈련 　　　　　　　　　　　• 안전사항준수 • 위생사항준수 　　　　　　　　　• 인내력 • 정확성 　　　　　　　　　　　　• 조리기기상태 관찰 • 준비상태확인

고려사항

- 딤섬조리 능력단위는 다음 범위가 포함된다.
  - 찜 딤섬 : 수정새우교자, 게살수정교자, 찐교자, 돼지고기 소룡포, 샤오마이
  - 튀김 딤섬 : 튀김교자, 춘권, 찹쌀떡튀김
  - 지짐 딤섬 : 고기교자, 채소버섯교자
  - 삶은 딤섬 : 수 교자(물만두), 새우 훈둔(완탕)
- 조리용어
  - 딤섬(点心)이란 속이 보이는 수정만두, 튀겨서 만드는 군만두, 물에 삶는 물만두, 발효시켜 만드는 소룡포, 포자(숙성시킨 찐만두), 단팥빵, 만두소가 겉으로 보이게 만든 샤오마이 등을 딤섬이라고 한다.

능력단위 명칭 : 중식 수프·탕조리

능력단위 정의 : 중식 수프·탕조리는 중식 육수에 육류와 해산물류·채소류와 양념류를 넣어 수프와 탕의 특성에 따라 조리할 수 있는 능력이다.

능력단위요소	수 행 준 거
1301010306_16v3.1 수프·탕 준비하기	1.1 수프의 특성을 고려하여 적합한 재료를 선정할 수 있다. 1.2 탕의 특성을 고려하여 적합한 재료를 선정할 수 있다. 1.3 각 재료를 수프·탕의 종류에 맞추어 손질할 수 있다. 【지식】 • 각 재료의 손질방법 • 조리도구 선택 • 수프 재료의 종류 및 성분의 특성 • 탕 재료의 종류 및 성분의 특성 【기술】 • 메뉴별 재료를 써는 능력 • 수프 재료를 선별하는 능력 • 탕 재료를 선별하는 능력 【태도】 • 반복훈련 • 위생사항준수 • 정확성 • 준비상태확인 • 안전사항준수 • 인내력 • 조리기기상태 관찰
1301010306_16v3.2 수프·탕 조리하기	2.1 재료와 육수의 비율을 맞추어 조리를 준비할 수 있다. 2.2 표준조리법에 따라 끓이는 시간과 화력의 강약을 조절할 수 있다. 2.3 메뉴별 풍미를 위한 향신료를 선택하여 사용할 수 있다. 2.4 메뉴별 표준조리법에 따라 전분을 이용하여 농도를 조절할 수 있다. 【지식】 • 기본조리 용어 • 재료와 육수의 사용 비율 • 조리도구의 용도와 사용법 • 온도에 따른 호화·노화 • 전분류의 종류와 특성 【기술】 • 메뉴별 표준 조리법에 따른 조리능력 • 화력의 강약 조절능력 • 전분류를 사용하는 능력 【태도】 • 반복훈련 • 위생사항준수 • 정확성 • 준비상태확인 • 안전사항준수 • 인내력 • 조리기기상태 관찰
1301010306_16v3.3 수프·탕 완성하기	3.1 메뉴별 표준조리법에 따라 향, 맛, 농도, 색상을 고려하여 담을 수 있다. 3.2 보관이나 운반을 위한 조치를 취할 수 있다. 3.3 메뉴의 특성을 고려하여 어울리는 곁들임을 할 수 있다. 【지식】 • 양념의 종류별 특징 • 조미료 용도에 따른 사용법 • 조리도구 선택 • 향신료의 종류와 특성

	【기술】 • 메뉴의 제공방법에 따른 접시를 선택할 수 있는 능력 • 표준조리법에 따른 탕의 향, 맛, 농도, 색상의 품질을 판단하는 능력 • 표준조리법에 따른 스프의 향, 맛, 농도, 색상의 품질을 판단하는 능력 • 화력의 강약 조절능력
	【태도】 • 반복훈련　　　　　　　　　　• 안전사항준수 • 위생사항준수　　　　　　　　• 인내력 • 정확성　　　　　　　　　　　• 조리기기상태 관찰 • 준비상태확인

고려사항

- 수프·탕조리 능력단위는 다음 범위가 포함된다.
  - 맑은 탕 류 : 생선완자탕, 새우완자탕, 삼선탕, 배추 두부탕, 제비집탕, 불도장
  - 걸죽한 탕류(수프) : 달걀탕, 게살팽이탕, 게살 상어지느러미탕, 산라탕, 비취탕, 옥수수 게살탕
- 조리용어
  - 호화란 : 전분을 찬물에 분산시킨 후 가열처리하면 팽윤하여 겔화되는 것으로 수분이 많을수록 호화에 용이하다. 호화의 최저 온도는 60℃로 온도가 높을수록 호화가 잘 된다.
  - 노화란 : 가열되어 겔화된 전분이 굳어서 단단한 상태가 되는 것이다. 곡류 전분은 노화가 쉽게 일어나고, 감자와 고구마 같은 서류 전분은 노화가 느리다. 수분이 30~60%일 때 잘 일어나고, 빙점 이하거나 60℃이상일 때에는 잘 일어나지 않는다. 0~4℃일 때 잘 일어난다.

능력단위 명칭 :	중식 볶음조리
능력단위 정의 :	중식 볶음조리는 육류·생선류·채소류·두부에 각종 양념과 소스를 이용하여 볶음요리를 할 수 있는 능력이다

능력단위요소	수 행 준 거
1301010307_16v3.1 볶음 준비하기	1.1 볶음의 특성을 고려하여 적합한 재료를 선정할 수 있다. 1.2 볶음 방법에 따른 조리용 매개체(물, 기름류, 양념류)를 이용하고 선정할 수 있다. 1.3 각 재료를 볶음의 종류에 맞게 준비할 수 있다.
	【지식】 • 메뉴에 따른 사용되어지는 향신료 특성　　• 양념의 효능과 특성 • 볶음 메뉴별 사용되는 재료의 특성　　　　• 볶음 조리법 • 재료의 영양
	【기술】 • 재료의 이취제거 능력 • 재료의 특성에 맞는 선택능력 • 재료의 특성에 맞게 손질하는 능력
	【태도】 • 반복훈련　　　　　　　　　　• 안전사항준수 • 위생사항준수　　　　　　　　• 인내력 • 정확성　　　　　　　　　　　• 조리기기상태 관찰 • 준비상태확인

1301010307_16v3.2 볶음 조리하기	2.1 재료를 볶음요리에 맞게 썰 수 있다. 2.2 썰어진 재료를 조리순서에 맞게 기름에 익히거나 물에 데칠 수 있다. 2.3 화력의 강약을 조절하고 양념과 향신료를 첨가하여 볶음요리를 할 수 있다. 2.4 메뉴별 표준조리법에 따라 전분을 이용하여 볶음요리의 농도를 조절할 수 있다.
	【지식】 • 볶음 재료의 영양 • 조리도구 선택 • 재료의 종류와 성질
	【기술】 • 전분을 이용한 농도 조절능력 • 중식 팬 관리능력 • 화력의 강약 조절능력 • 조리기름 위생관리능력 • 채소썰기 능력
	【태도】 • 반복훈련 • 위생사항준수 • 정확성 • 준비상태확인 • 안전사항준수 • 인내력 • 조리기기상태 관찰
1301010307_16v3.3 볶음 완성하기	3.1 볶음요리의 종류와 제공방법에 따른 그릇을 선택할 수 있다. 3.2 메뉴에 따라 어울리는 기초 장식을 할 수 있다. 3.3 메뉴의 표준조리법에 따라 볶음요리를 담을 수 있다
	【지식】 • 기초장식 재료 • 메뉴별 제공 방법에 따른 그릇을 선택 • 표준조리법에 따른 요리의 색상, 맛, 향, 온도의 정도를 조절할 수 있는 지식
	【기술】 • 메뉴의 형태 및 제공방법에 따른 접시담기 능력 • 메뉴의 특성에 따라 기초장식을 할 수 있는 능력 • 볶음을 최종 마무리할 수 있는 능력
	【태도】 • 반복훈련 • 위생사항준수 • 정확성 • 준비상태확인 • 안전사항준수 • 인내력 • 조리기기상태 관찰

고려사항

- 볶음조리 능력단위는 다음 범위가 포함된다.
  - 전분을 사용하지 않는 볶음류(초채 炒菜 chao cai 차오 차이) : 부추잡채(소구차이), 고추잡채(칭지아오러우시), 당면잡채, 토마토계란볶음
  - 전분을 사용하는 볶음류(류채 熘菜 liu cai 리우 차이) : 라조육, 마파두부, 새우케첩 볶음(깐소 하인), 채소볶음, 류산슬, 전가복, 란화우육(브로콜리소고기 볶음), 하인완스(새우완자), 마라우육, 꽃게콩 소스볶음, 부용게살

능력단위 명칭 :	중식 튀김조리
능력단위 정의 :	중식 튀김조리는 육류·갑각류·어패류·채소류·두부류 재료 특성을 이해하고 손질하여 기름에 튀겨내는 조리능력이다.

능력단위요소	수 행 준 거	
1301010308_16v3.1 튀김 준비하기	1.1 튀김의 특성을 고려하여 적합한 재료를 선정할 수 있다. 1.2 각 재료를 튀김의 종류에 맞게 준비할 수 있다. 1.3 튀김의 재료에 따라 온도를 조정할 수 있다.	
	【지식】 • 양념의 효능 • 튀김 재료의 특성	• 영양에 관한 지식 • 튀김 조리법에 따른 온도 조절
	【기술】 • 재료의 이취제거 능력 • 재료의 특성에 맞게 손질하는 능력	• 재료의 특성에 맞는 선택능력
	【태도】 • 반복훈련 • 위생사항준수 • 정확성 • 준비상태확인	• 안전사항준수 • 인내력 • 조리기기상태 관찰
1301010308_16v3.2 튀김 조리하기	2.1 재료를 튀김요리에 맞게 썰 수 있다. 2.2 용도에 따라 튀김옷 재료를 준비할 수 있다. 2.3 조리재료에 따라 기름의 종류, 양과 온도를 조절할 수 있다. 2.4 재료 특성에 맞게 튀김을 할 수 있다. 2.5 사용한 기름의 재사용 또는 폐기를 위한 처리를 할 수 있다.	
	【지식】 • 기름 성분의 특성 • 조리도구선택	• 기름의 분류(식물성 기름, 동물성 기름) • 튀김 재료 사용방법
	【기술】 • 기름의 종류, 양, 온도조절능력 • 중식 팬 관리능력 • 튀김 후 기름제거 능력	• 조리 기름 위생관리능력 • 튀기기 능력 • 튀김옷 제조 능력
	【태도】 • 반복훈련 • 위생사항준수 • 정확성 • 준비상태확인	• 안전사항준수 • 인내력 • 조리기기상태 관찰
1301010308_16v3.3 튀김 완성하기	3.1 튀김요리의 종류에 따라 그릇을 선택할 수 있다. 3.2 튀김요리에 어울리는 기초 장식을 할 수 있다. 3.3 표준조리법에 따라 색깔, 맛, 향, 온도를 고려하여 튀김요리를 담을 수 있다.	
	【지식】 • 기초 장식 준비 • 요리의 색깔, 맛, 향, 온도의 적정성	• 메뉴의 종류에 따른 그릇 선택

【기술】	
• 튀김을 적정한 온도로 담기 능력	• 튀김을 최종 마무리 능력
【태도】	
• 반복훈련	• 안전사항준수
• 위생사항준수	• 인내력
• 정확성	• 조리기기상태 관찰
• 준비상태확인	

고려사항

- 튀김조리 능력단위는 다음 범위가 포함된다.
  - 육류튀김 : 소고기튀김, 탕수육, 마늘돼지 갈비튀김, 레몬기, 깐풍기, 유림기
  - 갑각류튀김 : 왕새우튀김, 깐소새우, 칠리바닷가재튀김, 게살튀김
  - 어패류튀김 : 관자튀김, 굴튀김, 오징어튀김, 탕수생선
  - 채소류튀김 : 채소춘권튀김, 가지튀김, 고구마튀김
  - 두부류튀김 : 가상두부, 비파두부

능력단위 명칭 : 중식 찜조리

능력단위 정의 : 중식 찜조리는 육류·해물 류 등 재료 특성에 어울리는 양념이나 소스를 이용하여 찜 요리를 할 수 있는 능력이다

능력단위요소	수행준거
1301010309_16v3.1 찜 준비하기	1.1 찜의 특성을 고려하여 찜에 알맞은 재료를 선정할 수 있다. 1.2 찜 요리의 종류에 맞추어 재료를 준비할 수 있다. 1.3 찜 요리의 특성에 맞는 도구를 선택할 수 있다.
	【지식】 • 양념의 용도 • 조리도구 선택 • 주재료와 부재료의 성질과 물리적 변화 • 주재료의 열에 의한 응고상태에 대한 지식 • 찜 조리법 • 찜 특성을 고려한 재료의 선택
	【기술】 • 식재료의 선도 유지 능력 • 식재료의 손질 및 밑간 능력 • 양념이 잘 배어들 수 있도록 칼집 넣는 능력 • 찜 재료손질 능력
	【태도】 • 반복훈련 • 안전사항준수 • 위생사항준수 • 인내력 • 정확성 • 조리기기상태 관찰 • 준비상태확인

1301010309_16v3.2 찜 조리하기	2.1 재료를 각 찜 요리의 특성에 맞게 손질할 수 있다. 2.2 손질한 재료를 기름에 익히거나 물에 데칠 수 있다. 2.3 찜 요리를 위해 찜기의 화력을 강약으로 조절할 수 있다. 2.4 찜 요리에 따라 양념과 향신료를 사용할 수 있다. 2.5 찜 요리 종류 따라 전분으로 농도를 조절하여 완성할 수 있다.
	【지식】 • 기름과 물에 데치기 • 재료의 종류와 특성 • 양념과 향신료 특성 • 찜의 특성과 종류
	【기술】 • 기름 양 조절과 물에 데치기 능력 • 재료의 종류에 따른 조리능력 • 전분으로 농도를 조절 할 수 있는 능력 • 조리법에 따른 양념과 향신료 사용능력 • 화력의 강약 조절능력
	【태도】 • 반복훈련 • 안전사항준수 • 위생사항준수 • 인내력 • 정확성 • 조리기기상태 관찰 • 준비상태확인
1301010309_16v3.3 찜 완성하기	3.1 찜 요리의 종류와 크기에 따라 그릇을 선택할 수 있다. 3.2 찜 요리에 어울리는 기초 장식을 할 수 있다. 3.3 요리의 특성에 따라 색깔, 맛, 향, 온도를 고려하여 요리를 담을 수 있다. 3.4 도구를 사용하여 알맞은 크기로 요리를 잘라 제공할 수 있다.
	【지식】 • 기초장식 • 메뉴의 종류에 따른 그릇 선택 • 요리의 색깔, 맛, 향, 온도의 적정성
	【기술】 • 메뉴에 어울리는 기초장식 준비능력 • 알맞은 크기로 자를 수 있는 능력 • 찜 요리 특성에 맞는 그릇에 담는 능력 • 찜 요리를 최종 마무리할 수 있는 능력
	【태도】 • 반복훈련 • 안전사항준수 • 위생사항준수 • 인내력 • 정확성 • 조리기기상태 관찰 • 준비상태확인

고려사항

- 찜조리 능력단위는 다음 범위가 포함된다.
  - 육류찜 : 동파육, 팔보오리찜
  - 해물류찜 : XO새우 관자찜, 홍소 상어지느러미찜, 굴 소스표고 새우찜, 어향소스 전복찜, 우럭찜
- 조리용어
  - 찜의 재료 손질이란 조리재료와 방법에 따라 다듬기, 씻기, 밑간하기, 데치기, 핏물제거 등을 말한다.
  - 찜 요리의 적정한 온도는 60℃ 이상을 말한다.

능력단위 명칭 :	중식 조림조리
능력단위 정의 :	중식 조림조리는 육류·생선류·채소류·두부에 각종 양념과 소스를 이용하여 조림을 할 수 있는 능력이다.

능력단위요소	수 행 준 거
1301010310_16v3.1 조림 준비하기	1.1 조림의 특성을 고려하여 적합한 재료를 선정할 수 있다. 1.2 각 재료를 조림의 종류에 맞게 준비할 수 있다. 1.3 조림의 종류에 맞게 도구를 선택할 수 있다. 【지식】 • 생선류, 육류 등 열에 의한 물리적 변화와 특성 • 양념의 용도 • 조리 도구선택 • 조림 조리법 • 조림의 특성을 고려한 재료의 선택 【기술】 • 손질 및 밑간하는 능력　　• 재료에 따른 칼집 넣는 능력 • 재료의 선도 유지능력　　• 조림재료 손질능력 【태도】 • 반복훈련　　　　　　　　• 안전사항준수 • 위생사항준수　　　　　　• 인내력 • 정확성　　　　　　　　　• 조리기기상태 관찰 • 준비상태 확인
1301010310_16v3.2 조림 조리하기	2.1 재료를 각 조림요리의 특성에 맞게 손질할 수 있다. 2.2 손질한 재료를 기름에 익히거나 물에 데칠 수 있다. 2.3 조림조리를 위해 화력을 강약으로 조절할 수 있다. 2.4 조림에 따라 양념과 향신료를 사용할 수 있다. 2.5 조림요리 특성에 따라 전분으로 농도를 조절하여 완성할 수 있다. 【지식】 • 기름과 물의 데치기 온도　　• 양념과 향신료 용도와 특성 • 조림요리의 특성과 종류　　• 재료의 종류와 특성 【기술】 • 기름과 물에 데치기 능력　　• 농도 조절능력 • 양념과 향신료 사용능력　　• 재료의 종류에 따른 조리능력 • 조리기름 위생관리능력　　• 중식 팬 관리능력 • 화력의 강약 조절능력 【태도】 • 반복훈련　　　　　　　　• 안전사항준수 • 위생사항준수　　　　　　• 인내력 • 정확성　　　　　　　　　• 조리기기상태 관찰 • 준비상태확인
1301010310_16v3.3 조림 완성하기	3.1 조림요리의 종류에 따라 그릇을 선택할 수 있다. 3.2 조림요리에 어울리는 기초장식을 할 수 있다. 3.3 표준조리법에 따라 색깔, 맛, 향, 온도를 고려하여 조림요리를 담을 수 있다. 3.4 도구를 사용하여 적합한 크기로 요리를 잘라 제공할 수 있다.

	【지식】 • 기초장식 • 메뉴의 종류에 따른 그릇 선택 • 완성된 요리의 색깔, 맛, 향, 온도의 적정성
	【기술】 • 기초장식을 할 수 있는 능력 • 맛과 온도를 고려하여 제공할 수 있는 능력 • 요리의 특성에 맞게 잘라 제공할 수 있는 능력 • 조림요리 마무리 능력
	【태도】 • 반복훈련 • 안전사항준수 • 위생사항준수 • 인내력 • 정확성 • 조리기기상태 관찰 • 준비상태확인

고려사항

- 조림 조리능력 단위는 다음 범위가 포함된다.
  - 육류 조림 : 돼지족발조림, 닭발조림, 오향장육, 난자 완즈
  - 생선류 : 홍쇼 도미(간장도미조림), 홍먼 도미(매운 도미조림)
  - 채소류 : 오향땅콩조림
  - 두부류 : 홍쇼 두부
  - 홍쇼(紅燒) : 생선류, 고기류, 가금류, 갑각류, 해삼류를 뜨거운 기름이나 끓는 물에 데친 후 부재료와 함께 볶아 간장 소스에 조림한다.

능력단위 명칭 :	중식 구이조리
능력단위 정의 :	중식 구이조리는 구이 재료의 특성을 이해하고 그에 따른 조리법에 맞추어 조리할 수 있는 능력이다

능 력 단 위 요 소	수 행 준 거
1301010311_16v3.1 구이 준비하기	1.1 구이의 특성을 고려하여 적합한 재료를 선정할 수 있다. 1.2 각 재료를 구이의 종류에 맞게 준비할 수 있다. 1.3 구이의 종류에 맞게 도구를 선택할 수 있다.
	【지식】 • 구이 조리법 • 구이의 특성을 고려한 적합한 재료의 선택 • 양념의 용도 • 재료의 성질과 열에 의한 물리적 변화 • 조리도구 선택
	【기술】 • 선도유지 능력 • 손질 및 밑간하는 능력 • 재료손질 능력 • 칼집 넣는 능력

	【태도】 • 반복훈련 • 위생사항준수 • 정확성 • 준비상태확인	• 안전사항준수 • 인내력 • 조리기기상태 관찰
1301010311_16v3.2 구이 조리하기	2.1 재료를 각 구이요리의 특성에 맞게 손질할 수 있다. 2.2 구이의 종류에 따라 손질한 재료를 기름에 익히거나 물에 데칠 수 있다. 2.3 재료에 따라 구이 온도를 조절하며 양념과 향신료를 첨가하여 구이 요리를 할 수 있다. 2.4 각 구이의 종류에 따라 소스와 양념장을 만들 수 있다.	
	【지식】 • 기름과 물에 데치는 온도 • 재료의 종류와 특성	• 양념과 향신료 용도와 특성 • 종류에 따른 소스와 양념장
	【기술】 • 소스와 양념장 조리능력 • 재료의 특성에 따른 조리능력 • 중량에 따른 기름과 물을 조절하여 데치는 능력	• 양념과 향신료 사용능력 • 화력의 강약 조절능력
	【태도】 • 반복훈련 • 위생사항준수 • 정확성 • 준비상태확인	• 안전사항준수 • 인내력 • 조리기기상태 관찰
1301010311_16v3.3 구이 완성하기	3.1 구이요리의 종류에 따라 그릇을 선택할 수 있다. 3.2 구이요리에 어울리는 기초 장식을 할 수 있다. 3.3 색깔, 맛, 향, 온도를 고려하여 구이요리를 담을 수 있다. 3.4 도구를 사용하여 적합한 크기로 요리를 잘라 제공할 수 있다.	
	【지식】 • 구이의 색깔, 맛, 향, 온도의 적정성 • 종류에 따른 그릇 선택	• 기초 장식
	【기술】 • 구이를 잘라서 제공할 수 있는 능력 • 적정한 온도에 제공할 수 있는 능력	• 기초 장식을 할 수 있는 능력 • 조화를 고려한 그릇 선택능력
	【태도】 • 반복훈련 • 위생사항준수 • 정확성 • 준비상태확인	• 안전사항준수 • 인내력 • 조리기기상태 관찰

고려사항

- 구이조리 능력단위는 다음 범위가 포함된다.
  - 구이 : 북경오리구이, 양꼬치구이, 차샤오(叉燒, 중국식 돼지목살구이)
- 조리용어
  - 북경오리구이 : 오리, 오향분, 마늘가루, 소금, 고량주 물엿, 식초, 녹말 등을 이용하여 오리 껍질을 바싹하게 구워낸 요리
  - 양꼬치구이 : 꼬챙이에 작게 썬 양고기를 여러 개 꿰어서 숯불에 구운 꼬치 음식

- 차샤오(叉燒, 중국식돼지목살구이) : 꼬챙이에 꽂아서 불에 굽는다는 뜻이다. 돼지고기 목살덩어리를 하루정도 핏물을 제거 후 기름을 두른 팬에 구워 간장, 조청, 월계수 잎, 마늘, 양파 등의 양념을 넣은 육수에 재웠다가 200℃ 오븐에서 20~30분 구워낸 요리

능력단위 명칭 :	중식 면조리
능력단위 정의 :	중식 면조리는 밀가루의 특성을 이해하고 반죽하여 면을 뽑아 각종 면요리를 할 수 있는 능력이다

능력단위요소	수 행 준 거
1301010312_16v3.1 면 준비하기	1.1 면의 특성을 고려하여 적합한 밀가루를 선정할 수 있다. 1.2 면요리 종류에 따라 재료를 준비할 수 있다. 1.3 면요리 종류에 따라 도구·제면기를 선택할 수 있다.
	【지식】 • 면류의 종류 및 밀가루 성분 • 부재료와 양념 종류 • 조리도구의 종류 및 용도
	【기술】 • 면 반죽 비율의 조절능력 • 면요리 종류에 적합한 육수를 준비하는 능력 • 주재료 및 부재료의 손질 능력
	【태도】 • 반복훈련　　　　　　• 안전사항준수 • 위생사항준수　　　　• 인내력 • 정확성　　　　　　　• 조리기기상태 관찰 • 준비상태확인
1301010312_16v3.2 반죽하여 면 뽑기	2.1 면의 종류에 따라 적합하게 반죽하여 숙성할 수 있다. 2.2 면요리에 따라 수타면과 제면기를 이용하여 면을 뽑을 수 있다. 2.3 면요리에 따라 면의 두께를 조절할 수 있다.
	【지식】 • 메뉴별 면요리의 특성 • 밀가루 종류 및 특성 • 표준조리법에 의한 반죽 배합
	【기술】 • 면 보관 및 보존조치 능력 • 면을 뽑기 위한 도구와 제면기 사용능력 • 면을 뽑기 위한 수타 기술능력 • 메뉴별 면을 구별하는 능력 • 정확한 계량능력
	【태도】 • 반복훈련　　　　　　• 안전사항준수 • 위생사항준수　　　　• 인내력 • 정확성　　　　　　　• 조리기기상태 관찰 • 준비상태확인

1301010312_16v3.3 면 삶아 담기	3.1 면의 종류와 양에 따라 끓는 물에 삶을 수 있다. 3.2 삶은 면을 찬물에 헹구어 면을 탄력 있게 할 수 있다. 3.3 메뉴에 따라 적합한 그릇을 선택하여 차거나 따뜻하게 담을 수 있다.
	【지식】 • 메뉴에 따른 면요리 방법 • 면의 종류 및 특성 • 면 메뉴에 맞는 면기의 종류 • 조리용 기구의 종류 및 용도
	【기술】 • 메뉴에 따라 면을 구별하는 능력 • 면을 탄력 있게 삶는 기술 • 면을 삶기 위한 도구 선택능력
	【태도】 • 반복훈련 • 위생사항준수 • 정확성 • 준비상태 확인 • 안전사항준수 • 인내력 • 조리기기상태 관찰
1301010312_16v3.4 요리별 조리하여 완성하기	4.1 메뉴에 따라 소스나 국물을 만들 수 있다. 4.2 요리별 표준조리법에 따라 색깔, 맛, 향, 온도, 농도, 국물의 양을 고려하여 소스나 국물을 담을 수 있다. 4.3 메뉴에 따라 어울리는 기초 장식을 할 수 있다.
	【지식】 • 국물 내는 방법 • 조리용 도구의 종류 및 용도 • 면 소스 특성 • 조미료 및 향신료의 종류와 특성
	【기술】 • 메뉴에 따른 국물 사용능력 • 메뉴에 따른 소스 사용능력 • 화력의 강약 조절능력 • 메뉴에 따른 부재료 및 기초장식 이용능력 • 용도에 맞는 기물 선택능력
	【태도】 • 반복훈련 • 위생사항준수 • 조리기기상태 관찰 • 정확성 • 안전사항준수 • 인내력 • 준비상태확인

고려사항

- 중식 면조리 능력단위는 다음 범위가 포함된다.
  - 온면류 : 짜장면, 유니 짜장면, 짬뽕, 기스면, 울면, 굴탕면, 해물볶음면, 사천탕면
  - 냉면류 : 중국식냉면, 냉짬뽕
- 조리용어
  - 짜장면 : 돼지고기, 해산물, 양파, 호박, 생강 등을 기름에 볶아 춘장과 닭 육수를 넣고 익힌 후 물 전분으로 농도를 조절하여 삶은 면 위에 얹어 만든 음식
  - 유니 짜장면 : 곱게 다진 돼지고기와 쌀알 크기로 썬 부재료(양파, 양배추 등)를 식용유에 볶아 춘장과 닭 육수를 넣고 익힌 후 물 전분으로 농도를 정하고 삶은 면 위에 얹어 만든 음식
  - 짬뽕 : 해산물, 양배추, 양파, 고추기름, 고춧가루, 마늘, 육수 등으로 매운 국물을 만들어 삶은 국수에 부어 만든 음식
  - 기스면 : 닭 가슴살, 닭 육수, 대파, 마늘, 생강, 소금, 간장, 후추 등으로 만든 맑은 닭육수와 삶아 찢은 닭가슴살을 함께 삶은 국수에 부어 만든 음식
  - 울면 : 오징어, 홍합, 바지락 등의 해산물을 넣고 끓인 국물에 물 녹말을 풀어 걸쭉하게 만들어 면을 말아 먹는 음식

- 굴탕면 : 닭 육수에 생굴, 죽순, 청경채, 목이버섯, 마늘, 생강, 소금 등을 넣어 국물을 만들고 삶은 국수에 부어 만든 음식
- 해물 볶음 면 : 해산물, 양파, 죽순, 목이버섯, 파, 마늘, 생강, 고추기름, 두반장, 설탕, 굴소스, 전분, 청주, 굴 소스 등의 재료로 매콤하게 볶아내고 여기에 육수와 삶은 국수를 넣어 다시 볶은 후 물전분으로 농도를 정하여 담아낸 음식
- 사천탕면 : 해산물(바지락, 오징어, 중새우 등), 죽순, 양파, 배추, 목이버섯, 대파, 마늘, 생강, 청주, 육수, 후추, 참기름 등으로 국물을 만들어 삶은 국수위에 부어 만든 음식
- 〈냉면류〉
  ◦ 중국식 냉면 : 삶은 국수위에 손질한 해산물(새우, 오징어 등), 삶은 고기, 오이, 표고버섯 등을 올리고 시원하게 준비한 냉면 육수를 끼얹어 만든 음식
  ◦ 냉 짬뽕 : 닭육수에 준비한 해산물(오징어, 새우, 홍합 등)을 데쳐내고 냉 짬뽕의 육수로 사용한다. 파, 마늘, 양파, 호박, 죽순, 고추기름, 고춧가루와 준비한 육수로 짬뽕국물을 만들고 차게 식힌다. 삶아낸 해산물과 채 썬 오이를 삶은 국수 위에 얹고 찬육수를 부어 만든 음식

능력단위 명칭 :	중식 밥조리
능력단위 정의 :	중식 밥조리는 쌀로 지은 밥을 이용하여 각종 밥 요리를 할 수 있는 능력이다.

능력단위요소	수 행 준 거
1301010313_16v3.1 밥 준비하기	1.1 필요한 쌀의 양과 물의 양을 계량할 수 있다. 1.2 조리방식에 따라 여러 종류의 쌀을 이용할 수 있다. 1.3 계량한 쌀을 씻고 일정 시간 불려둘 수 있다. 【지식】 • 곡류의 종류와 특성　　　　• 밥 조리기구의 선별 • 쌀의 종류 및 용도 【기술】 • 덮밥용 쌀 준비능력　　　　• 볶음밥용 쌀 준비능력 • 쌀 계량능력 【태도】 • 반복훈련　　　　　　　　　• 안전사항준수 • 위생사항준수　　　　　　　• 인내력 • 정확성　　　　　　　　　　• 조리기기상태 관찰 • 준비상태확인
1301010313_16v3.2 밥 짓기	2.1 쌀의 종류와 특성, 건조도에 따라 물의 양을 가감할 수 있다. 2.2 표준조리법에 따라 필요한 조리기구를 선택하여 활용할 수 있다. 2.3 주어진 일정과 상황에 따라 조리시간과 방법을 조정할 수 있다. 2.4 표순조리법에 따라 화력의 강약을 조절하여 가열시간 조절, 뜸들이기를 할 수 있다. 2.5 메뉴종류에 따라 보온 보관 및 재가열을 실시할 수 있다. 【지식】 • 밥 짓는 기구 및 설비　　　• 쌀의 물리적 특성 【기술】 • 밥 보온과 보관능력　　　　• 밥 짓는 시간조절능력 • 쌀의 양, 종류, 건조도에 따른 밥물 조절능력 • 제공 량에 따라 쌀을 계량하는 능력 • 화력의 강약 조절능력

	【태도】
	• 반복훈련 • 안전사항준수
	• 위생사항준수 • 인내력
	• 정확성 • 조리기기상태 관찰
	• 준비상태확인

1301010313_16v3.3 요리별 조리하여 완성하기	3.1 메뉴에 따라 볶음요리와 튀김요리를 곁들여 조리할 수 있다. 3.2 화력의 강약을 조절하여 볶음밥을 조리할 수 있다. 3.3 메뉴 구성을 고려하여 소스(짜장소스)와 국물(계란 국물 또는 짬뽕 국물)을 곁들여 제공할 수 있다. 3.4 메뉴에 따라 어울리는 기초장식을 할 수 있다. 【지식】 • 기름을 이용한 밥 볶음과 튀김 • 메뉴의 이해능력 • 전분의 팽윤과 호화 • 조리용 도구의 종류 및 용도 【기술】 • 메뉴에 따른 기초장식이용 능력 • 메뉴에 따른 육수와 조리용 소스를 사용하는 능력 • 밥 요리에 어울리는 재료 선택능력 • 밥의 보온 보관능력 • 적정량의 식용유를 가감하여 밥 볶는 능력 • 화력의 강약 조절능력 【태도】 • 반복훈련 • 안전사항준수 • 인내력 • 위생사항준수 • 정확성 • 조리기기상태 관찰 • 준비상태확인

고려사항

- 밥조리 능력단위는 다음 범위가 포함된다.
  - 덮밥류 : 유산슬덮밥, 잡탕밥, 송이덮밥, 마파두부덮밥, 잡채밥
  - 볶음밥류 : 새우볶음밥, XO 볶음밥, 게살볶음밥, 카레볶음밥, 삼선볶음밥
  - XO소스 : 마른관자, 마른오징어, 마른새우, 고추기름 등의 양념을 혼합하여 조리한 중식 해산물소스

능력단위 명칭 : 중식 후식조리

능력단위 정의 : 중식 후식조리는 주 요리와 어울릴 수 있도록 더운 후식류나 찬 후식류를 조리할 수 있는 능력이다.

능력단위요소	수 행 준 거
1301010314_16v3.1 후식 준비하기	1.1 주 메뉴의 구성을 고려하여 알맞은(적합한) 후식요리를 선정할 수 있다. 1.2 표준조리법에 따라 후식재료를 선택할 수 있다. 1.3 소비량을 고려하여 재료의 양을 미리 조정할 수 있다. 1.4 재료에 따라 전처리하여 사용할 수 있다.

	【지식】 • 찬 후식과 더운 후식의 재료 특성 • 후식류의 종류 • 후식 조리기구의 종류
	【기술】 • 메뉴 구성에 따른 소요량 예측능력　　• 조리기구 사용기술 • 주재료·부재료를 손질할 수 있는 능력　• 후식류 재료의 선택능력 • 후식류 재료준비와 전처리능력
	【태도】 • 반복훈련　　　　　　　　• 안전사항준수 • 위생사항준수　　　　　　• 인내력 • 정확성　　　　　　　　　• 조리기기상태 관찰 • 준비상태확인
1301010314_16v3.2 더운 후식류 만들기	2.1 메뉴의 구성에 따라 더운 후식의 재료를 준비할 수 있다. 2.2 용도에 맞게 재료를 알맞은 모양으로 잘라 준비할 수 있다. 2.3 조리재료에 따라 튀김 기름의 종류, 양과 온도를 조절할 수 있다. 2.4 재료 특성에 맞게 튀김을 할 수 있다. 2.5 알맞은 온도와 시간으로 설탕을 녹여 재료를 버무릴 수 있다.
	【지식】 • 더운 후식류의 종류　　　　• 더운 후식류 재료의 특성 • 설탕의 융점　　　　　　　• 조리기구의 선택
	【기술】 • 더운 후식류 메뉴의 선택능력　　• 더운 후식류의 재료준비와 전처리능력 • 설탕을 녹여 조리할 수 있는 능력　• 조리 기름 위생관리능력 • 조리기구의 사용능력　　　　　　• 중식 팬 관리능력 • 튀김온도의 유지 능력
	【태도】 • 반복훈련　　　　　　　　• 안전사항준수 • 위생사항준수　　　　　　• 인내력 • 정확성　　　　　　　　　• 조리기기상태 관찰 • 준비상태확인
1301010314_16v3.3 찬 후식류 만들기	3.1 재료를 후식요리에 맞게 썰 수 있다. 3.2 후식류의 특성에 맞추어 조리를 할 수 있다. 3.3 용도에 따라 찬 후식류를 만들 수 있다.
	【지식】 • 조리기구의 선택 • 찬 후식류 재료의 특성 • 찬 후식류 종류
	【기술】 • 조리기구의 사용능력　　　　　　• 주재료 및 부재료의 구별능력 • 찬 후식류 메뉴의 선택능력　　　• 찬 후식류의 냉장·냉동 보관능력 • 찬 후식류의 재료준비와 전처리기술

【태도】
- 반복훈련
- 위생사항준수
- 정확성
- 준비상태확인
- 안전사항준수
- 인내력
- 조리기기상태 관찰

1301010314_16v3.4 후식류 완성하기	4.1 후식요리의 종류와 모양에 따라 알맞은 그릇을 선택할 수 있다. 4.2 표준조리법에 따라 용도에 알맞은 소스를 만들 수 있다. 4.3 더운 후식요리는 온도와 시간을 조절하여 빠스 요리를 만들 수 있다. 4.4 후식요리의 종류에 맞춰 담아 낼 수 있다. 【지식】 • 기초장식의 종류 • 후식류 소스 종류 • 주 메뉴의 구성과 후식요리의 적용 【기술】 • 후식류 소스를 만드는 능력 • 후식류에 따른 그릇선택능력 • 후식류에 기초장식을 할 수 있는 능력 【태도】 • 반복훈련 • 위생사항준수 • 정확성 • 준비상태확인 • 안전사항준수 • 인내력 • 조리기기상태 관찰

고려사항

- 후식조리 능력단위는 다음 범위가 포함된다
  - 더운 후식류 : 빠스 옥수수, 빠스 고구마, 빠스 바나나, 빠스 은행, 지마구(찹쌀떡 깨무침), 빠스 찹쌀떡
  - 찬 후식류 : 행인두부, 메론 시미로, 망고시미로, 홍시아이스
- 용어 정리
  - 빠스(拔絲) : 설탕이 녹을 수 있는 온도에서 설탕 시럽을 만들어 튀긴 주재료를 버무려 제공하는 대표적인 중식 후식요리를 말하며, 이는 누에고치에서 실을 뽑는 모양에서 유래 되었다.
  - 행인(杏仁豆腐) : 행인(살구씨)과 한천, 우유를 이용하여 만든 디저트
  - 시미로(西米露) : 타피오카 전분으로 만든 펄을 시미로라 말하며 감, 코코넛, 복숭아 등을 이용한 샤벳 디저트
  - 설탕의 융점 : 설탕이 녹아 액체로 변하는 온도

중식조리의 개요

1. **직 종 명** : 중식조리
2. **직종정의** : 중식조리는 중국음식을 제공하기 위하여 메뉴를 계획하고, 식재료를 구매, 관리, 손질하여 정해진 조리법에 의해 조리하며 식품위생과 조리기구, 조리시설을 관리하는 업무에 종사.
3. **훈련이수체계(수준별 이수 과정/과목)**

수준	직종	한식조리	양식조리	중식조리	일식·복어조리
5	Master Chef	한과조리	조리외식경영		일식 모둠 초밥조리 복어 회 학모양조리 복어 회 국화모양조리
4	Head Chef	한식 면류조리 한식 찜·선조리 한식 구이조리 김치조리 장아찌조리 한식 메뉴관리 한식 전골조리 한식 볶음조리 한식 튀김조리 한식 숙채조리	양식 소스조리 양식 수프조리 양식 어패류조리 양식 육류조리 양식 파스타조리 양식 메뉴관리 양식 사이드 디쉬 조리 양식 디저트조리 연회조리 푸드 플레이팅	중식 냉채조리 중식 딤섬조리 중식 수프·탕조리 중식 볶음조리 중식 찜조리 중식 구이조리 중식 후식조리 중식 메뉴관리 중식 식품조각	일식 냄비조리 일식 튀김조리 일식 굳힘조리 복어 껍질굳힘조리 복어 튀김조리 복어 찜조리 일식 메뉴관리 일식 흰살생선 회조리 일식 붉은살생선 회조리 일식 패류 회조리 일식 롤 초밥조리 일식 알 초밥조리 복어 메뉴관리 복어 선별·손질관리 복어 샤브샤브 조리 복어 맑은탕조리 복어 초밥조리 복어 구슬초밥조리
3	Cook	음청류조리 한식구매관리 한식 조림·초조리	양식 구매관리	중식 면조리 중식 구매관리	일식 초회조리 일식 찜 조리 일식 구이조리 복어 구이조리 일식 구매관리 복어 구매관리
2	Cook Helper	한식 국·탕조리 한식위생관리 한식안전관리 한식 재료관리 한식기초조리실무 한식 밥조리 한식 죽조리 한식 찌개조리 한식 전·적조리 한식생채·회조리	양식 스톡조리 양식 전채조리 양식 샐러드조리 양식 조식조리 양식 위생관리 양식 안전관리 양식 재료관리 양식 기초조리실무 양식 샌드위치조리	중식 절임·무침조리 중식 육수·소스조리 중식 튀김조리 중식 조림조리 중식 밥조리 중식 위생관리 중식 안전관리 중식 재료관리 중식 기초 조리실무	일식 무침조리 일식 국물조리 일식 조림조리 일식 면류조리 일식 밥류조리 복어 부재료 손질 복어 양념장 준비 복어 껍질초회조리 복어 죽조리 복어 술제조 일식 위생관리 일식 안전관리 일식 재료관리 일식 기초조리 실무 복어 위생관리 복어 안전관리 복어 재료 관리 복어 기초조리실무
-	수준직종	한식조리	양식조리	중식조리	일식·복어조리
			직업기초능력		

해당직종(음영)의 훈련과정을 편성하는 경우 훈련과정별 목표에 부합한 수준으로 해당 직종에서 제시한 능력단위를 기준으로 과정/과목을 편성하고, 이외 직종의 능력단위를 훈련과정에 추가 편성하려는 경우 유사 직종의 동일 수준의 능력단위를 추가할 수 있음

한국산업인력공단 출제기준에 의한

경록 EBS 조리기능사 중식 실기

정가 16,000원

발 행	2020년 3월 6일
인 쇄	2020년 3월 2일
저 자	양진삼·김정민 외
발 행 자	이 성 태 / 李 星 兌
발 행 처	경록 / 景鹿
주 소	서울시 강남구 영동대로 114길 7(삼성동 91-24) 경록사옥
문 의	02)419-4630
홈페이지	www.kyungrok.com
팩 스	02)556-7008
등 록	제16-496호
ISBN	979-11-90100-69-4 13590

대한민국필독서!!
대한민국 1등교재 경록교재
저자협의인지생략

www.edukyungrok.com
대표전화 02)419-4630

이 책의 무단복제·복사를 금함

이 책은 저작권법에 의해 저작권이 보호됩니다. 무단전재 또는 복제행위는 이 법 제136조에 의해
5년 이하의 징역 또는 5,000만원 이하의 벌금에 처하거나 병과(併科)할 수 있습니다.